타관의 풀

현대수필가100인선 · 24

타관의 풀

정혜옥 수필선

좋은수필사

■ 책머리에

수필은 누구나 부담 없이 읽고, 마음만 먹으면 직접 쓸 수도 있는 가장 친근한 문학이다. 다른 영역의 문학이 영상매체에 밀려 신음하고 있는 중에도 수필 인구만은 날로 증가하여 바야흐로 수필 전성시대를 구가하고 있는 이유도 거기에 있을 것이다.

시대적 추세에 힘입어 수많은 수필전문지, 수필동인지가 창간되고, 이에 비례하여 신진 수필가도 날로 늘어나다 보니 이제는 그 많은 작가, 그 많은 작품 중에서 문학성 높은 작품을 가려 읽는 일이 쉽지 않게 되었다. 이런 현상은 작가에게나 독자에게나 결코 바람직한 일이 아니다. 더 나아가서는 수필을 연구하는 후세들에게도 큰 부담이 될 것이다.

이런 문제를 해결하는 데는 출판인도 마땅히 한몫을 감당해야 한다는 평소의 소신에 따라, 본사가 기꺼이 그 역할을 맡기로 했다. 그 첫 번째 사업으로 시대를 대표할 만한 수필가 100인을 선정하고, 작가가 자선한 40편 내외의 작품을 수록한 문고본을 발간하여 이를 널리 보급함으로써 그 소임을 다하고자 한다.

본사는 사명감을 가지고 이 사업을 추진해 나가기로 했다. 작가 선정을 전담할 편집위원회를 구성하고 전권을 위임하여 일체의 사적인 정실이나 청탁을 배제함으로써 전문성과 공

정성을 확보해 나갈 것이다.

따라서 이 기획물 속에는 작가의 문학정신뿐만 아니라, 본사의 문학사적 기여 의지와 편집위원 제위의 수필문학에 대한 애정과 문인으로서의 양심이 함께 담겨 있음을 자부한다. 다만, 작가를 선정하는 기준에는 많은 견해의 차이가 있을 수 있고, 선정 과정에서도 미처 챙기지 못한 부분이 있을 것이라는 사실만은 인정하지 않을 수 없다. 이 점에 대해서는 관계자 여러분의 양해 있으시기 바란다.

이 시리즈의 발간 순서는 작가, 또는 본사의 사정에 의한 것일 뿐 그 밖의 어떤 기준도 적용하지 않았음을 밝힌다.

본 기획물이 시대를 초월한 많은 수필 애호가들의 관심과 애정 속에 우리나라 수필문학 발전에 한 이정표가 되기를 바랄 뿐이다.

2008년 5월

좋은수필 발행인 서 정 환

현대수필가 100인선 간행 편집위원 박 재 식 최 병 호

정 진 권 강 호 형

변 해 명

1_부

2_부

3_부

4_부

1부

옹기전 노인
봉기리의 삼층 석탑
봉숭아
겨울나무의 힘
헌책방에서
저물녘의 섬진강
코펜하겐의 일등석
소슬바람
손의 기도
땅밀

옹기전 노인

시장 가까운 곳에 오랫동안 한자리에서 옹기를 팔고 있는 노인이 있다. 고집스러운 얼굴이며 퉁명한 말씨 때문인지, 아니면 플라스틱 제품들 탓인지 손님이 별로 없다.

옹기전에 가면 항상 흙냄새가 난다. 그의 몸에는 언제나 흙이 묻어 있고 그릇에 고인 빗물에 손을 담그면 금시 흙탕물로 변해 버릴 것만 같다. 동쪽 담 밑에 있는 토방, 그곳이 노인 양주가 살고 있는 거처이다. 흙으로 지은 토방과 흙으로 만든 옹기들, 흙색을 띠고 있는 얼굴빛, 나는 그곳에 갈 때마다 흙을 생각한다.

옹기전과 처음 인연을 맺은 것은 항아리 몇 개를 사러 갔던 것이 시초였다. 물건을 고르는 데 까탈을 부리고 있는 나를 보고 "무엇이던 정이 붙으면 귀한 것이요, 태깔이 별나지 않는 것을 찾는 모양이군." 하며 유액이 많이 번들거리지 않는 항아리를 건네주었다. 노인이 골라준 항아리와 그의 말이 마음에 쏙 들었다. "사실 옹기는 너무 매끄럽지 않고 약간 투박한 모양이 옹기의 참 맛을 지니고 있지." 노인은 이런 말도 하였다.

두 번째로 토분 두 개를 사러 갔을 때였다. 노인에게 옹기 굽는 것을 한 번 물어보았더니 때를 만난 듯 이야기를 늘어놓았다.

"긴 세월 동안 몸소 옹기를 구웠지요. 옹기 가마에서 젊음을 시작했지요. 산세를 휘젓고 다니며 좋은 흙을 찾아 헤매었지요." 하며 토방에 걸터앉아 있는 안노인을 쳐다본다. 흰 고무신에 묻은 흙을 털고 있던 안노인이 수긍을 하는 듯 웃고 있었다.

손수 빚은 토기가 들어있는 가마 앞에서 참나무 가지에 불을 붙이며 불이 죽지 않도록 밤새도록 지켜야한다는 이야기며 나중에는 몸과 마음이 가마 속의 옹기들처럼 뜨겁게 달아올라 차가운 냉수를 벌컥벌컥 마셔댄다는 이야기도 하였다. 마침내 항아리들을 가마에서 꺼낼 때는 새색시를 맞이하는 것처럼 수줍은 기분이 된다고도 하였다.

노인은 흙에 대한 과학적인 분석이나 화력에 대한 정확한 열도의 측정보다는 다만 좋은 흙, 뜨겁고 높은 불길, 오랜 시간을 내화하는 것, 이런 직감적인 경험만을 애정처럼 지니고 있었다. 그리고 다시 한 번 흙을 만지며 옹기를 구워보는 것이 소원이지만 이미 때와 힘이 지나가 버린 것 같다고 하며 쓸쓸한 표정을 짓더니 입을 다물었다.

노인은 이름난 도공은 결코 아니다. 좋은 흙을 가지고 좋은 옹기를 만드는 것을 꿈꾸며, 그러나 무너져가는 자신의 힘을 허무해 하며 옹기를 팔고 있는 것이다. 아니 밀리어가는 자기의 세계를 지키고 있는 것이다.

옹기전 노인을 최근에 만난 것은 두어 달 전, 깨진 항아리 뚜껑을 사러 갔을 때였다. 노인은 중병을 앓고 있는 듯 힘없이 토벽에 기대어 있었다. 내가 찾고 있는 새 뚜껑들은 모두 번쩍거리며 빛을 내었다.

노인은 뚜껑을 건네주며 "못난 여자 분칠하듯이 유액을 독하게 처발랐군."하였다. 그리고 "이제 좋은 흙이 점점 사라져가는 모양이야. 나도 죽어 땅에 묻히면 좋은 흙이 되고 싶어." 하며 맨드라미꽃에 돌아 앉아있는 안노인의 저고리 등판으로 고개를 돌렸다. 나는 노인의 말에 오싹한 한기를 느끼며 유언 같은 말을 내내 생각하며 돌아왔다.

투박한 옹기그릇같이 외곬으로 흘러온 인생, 유명한 도공들처럼 이름을 남기지도 못한 삶, 그러나 모든 것의 근본인 흙냄새 같은 것, 참나무 가지가 불붙으며 내는 소리 같은 것, 뜨거운 열기에 휩싸여 타오르다가 식어버린 재 같은 것, 그런 것이 노인의 삶이 아니었을까.

오지항아리, 약탕기, 질그릇 사이에 토분처럼 누런 얼굴로 앉아있는 옹기전 노인, 그는 이제 그가 만지던 흙의 세계로 돌아갈 채비를 하고 있는지 모른다. 아니 그 준비를 모두 끝내었는지 모른다.

봉기리의 삼층 석탑

시골 장터에서 돌아오고 있었다. 길옆에 있는 삼층석탑이 눈에 띄었다. "탑이 서 있네." 나는 이 말을 하며 탑을 처음 보았었다. 그러나 말이 채 끝나기도 전에 탑은 차창 밖으로 사라져버렸다. 그때 나는 봄나물 한 바구니와 솎음배추, 찹쌀 두 되를 사가지고 돌아오는 길이었다.

여름이 가고 가을이 왔다. 풍요롭던 장터가 다시 생각났고 늦가을 장에서 익은 열매도 사고 햇콩도 사고 참깨도 사 오고 싶었다. 장터에서 국밥 한 그릇도 사먹고 싶었다. 장터로 갔다. 헐티재를 넘을 때는 가을바람에 수선거리며 옷을 벗고 있는 나무를 보기도 하였다.

이번에는 장터로 가는 길목에서 탑을 먼저 보게 되었다. 나는 또 "탑이 쓸쓸하게 서 있네." 하며 지난번의 말 사이에 '쓸쓸하게'라는 어휘를 끼워 넣었다. 탑을 자세히 보기 위해 차를 느릿느릿 움직였다. 그러나 장으로 가고 있는 장꾼들의 고함 소리에 밀려 탑 곁을 이내 떠나고 말았다.

돌아올 때는 팔조령 고개를 넘어왔다. "마지막으로 팔조령에 한 번 더 올라가 보자."고 남편이 말했기 때문이다. 외롭게 서 있는 탑 곁을 다시 지나고 싶었으나 나의 기분을 알지 못하는 그는 팔조령을 향해 차를 몰았다. 장터에서 산 생밤을 까먹으며 높고 험한 고개를 넘었었다.

산 아래에서는 터널 공사가 한창이었다. 높은 산을 관통하는 터널이 개통되면 사람들은 굳이 위험한 고갯길로는 다니지 않을 것이다. 팔조령을 마지막으로 올라가 보자 하던 남편의 마음을 알 것 같았다.

장터에서 사온 열매로 술을 담갔다. 투명한 유리병을 통해 드러나는 술의 빛깔들, 오미자의 술빛이 제일 곱고 아름다웠다. 나는 익어가는 열매 술 곁에서 쓸쓸하게 서 있던 삼층석탑을 때때로 떠올렸다.

술이 제 맛을 낼 때쯤이면 첫눈이 온다. 눈이 내리면 흰 눈에 파묻히는 앞산만 바라볼 뿐 외출은 엄두도 내지 못한다. 미끄러운 눈길에 나설 용기가 없기 때문이다. 흰 눈이 온 천지를 덮어버리기 전에 또 한 차례 나들이를 하고 싶은 마음이 일어났다.

무서리가 내린 어느 아침에 집을 나섰다. 그때도 장터에 가서 겨울 반찬거리를 사올 것이라고 말했었다. 오일장이 서던 장터에는 장날이 아닌 탓인지 아무것도 없었다. 장날의 흥청이던 모습은 보이지 않았다.

읍내의 끝, 삼거리에서 우회전을 하면 용천사를 거쳐 집으로 가게 된다. 길모퉁이를 돌아가자 저만치 삼층석탑이 나타났다. 결코 미려하다거나 날렵하다고는 할 수 없는 석탑은 그러나 의연한 자세로 땅 위에 우뚝 서 있었다. "탑이 늠름하게 서 있네." 이번에도 나는 이런 말을 했었다. 지난번의 '쓸쓸하게'라는 표현 대신 '늠름하게'라고 바꾸어 말하였다. 드디어 늠름한 탑의 정신이 나에게 깃든 것일까. 탑의 정신을 바라보는 눈이 열린 것일까.

가까이 다가간 나는 고개를 들고 천천히 탑을 올려다보았다. 그리고 탑이 맞이하고 흘려보낸 세월의 길이가 하도 아득하여 기분이 막막해졌다. 탑 옆에 세워둔 표지판에는 통일신라시대의 것이라고만 쓰여 있을 뿐 탑을 둘러싸고 있었을 사찰에 대한 기록은 없었다.

지나가는 노인에게 탑이 이곳에 있게 된 유래를 물어 보았다. 그는 대뜸, "유래는 무슨 유래, 천년만년 서 있는 탑인데." 하고 가버린다. 노인의 퉁명한 말씨에 언짢아하는 나를 보고 "노인이 진짜 훌륭한 대답을 하는군." 하며 남편이 말을 한다. 나도 노인의 그림자 같은 뒷모습을 보며 어떤 깨우침을 받는다. 그렇다. 한량없는 세월 속에 천년만년 서 있는 탑을 두고 시작과 끝을 증명받으려고 했다니 좁쌀 같은 인간의 호기심이 부끄러워진다.

그날 저녁, 집으로 돌아온 우리는 익은 열매술 한 잔씩을 마시었다. "천년만년 끄떡도 않는 봉기리의 삼층석탑을 위하여." 이런 기분으로 술 한 잔을 마셨다.

겨울이 가고 봄이 오면 나는 또 탑을 만나러 봉기리로 갈 것이다. 탑의 발치에서 고물고물 살아나는 봄풀도 보고 탑의 층층을 차례로 휘감았다가 다시 풀려나는 봄바람도 마셔댈 것이다. 그때 나는 탑 곁에서 무슨 생각을 할까. 태어나고, 살아가고, 또 사라지는 세상 모든 생명들을 생각할까. 아니면 탑의 영원한 무한성과 인간의 안타까운 유한성, 이런 관계를 생각할까.

그러나 그 생각은 밑도 끝도 없을 것이고 드디어 머리가 아프기 시작한 나는 그만 탑 곁을 떠날 것이다. 그리고 장터로 갈 것이다. 그곳에는 우리가 사랑하고 즐길 것이 아직도 많이 널려있기 때문이다.

봉숭아

비가 오는 마당에서 남편이 봉숭아꽃 모종을 옮기고 있다. 가랑비에 옷이 젖는 것도 모르고 담 밑에 있는 봉숭아를 산당화 곁으로 옮기고 있다. 그의 당당하던 키가 산당화보다도 더 낮게 웅크리고 앉아 이 일을 하고 있다.

가랑비 내리는 오늘, 앞산에 솟아오르는 흰 안개 떼를 내가 하염없이 보고 있는 사이, 어느새 남편은 봉숭아 곁으로 다가가 있다. 봉숭아는 해마다 우리 집 마당가에서 저절로 피어나는 여름꽃이다. 여름 한철을 혼자 숨 쉬다가 또 혼자 져버리는 그런 꽃이다.

그 동안 우리는 꽃에 마음을 기울일 시간이 별로 없었다. 아이들의 결혼 문제와 혼인 잔치 등, 우리의 마음은 언제나 둥둥 떠 있는 기분이 되어 봉숭아 곁으로 다가갈 한가함이 없었다. 그러나 봉숭아꽃은 때때로 눈앞을 언뜻언뜻 스치고 지나가며 어떤 기억을 일깨워 주기도 하였다.

딸애가 아직 시집을 가지 않았던 지난 날, 외출에서 함께 돌아오던 딸애가 "아, 봉숭아, 봉숭아꽃." 하며 담 밑에 혼자 있는 꽃의 이름을 큰소리로 불러주었다. 그날 저녁, 우리는 손톱에 봉숭아 꽃물을 들였었다. 붉은 꽃잎과 백반을 함께 찧어 손톱 위에 놓고 푸른 잎으로 손가락을 친친 동여매었다. 그때 옆에 있던 남편이 딸애에게 "손이 참 작구나."했었던 것 같기도 하다.

열정적인 빨간 꽃물은 오래도록 딸애와 나의 손끝에 남아 있었다. 가을이 다 지나갈 때까지 몸에 붙어 있었다. 봉숭아 꽃물을 들인 것이 딸애와 함께 도모한 일 중 귀하고 아름다운 기억으로 남아 있다.

그 후, 시집을 가버린 딸애 대신 새 며느리를 맞이하였다. 나는 여름이 되면 며느리와 함께 봉숭아 꽃물을 들이리라 마음을 먹었다. 그러나 그런 시간을 갖지 못하였다. 두 사람만의 소중한 추억을 놓치고 만 셈이다.

아들이 딴살림을 났다. 맏아들과 맏며느리 그리고 맏손자, 그들 세 가족이 우리 곁을 떠나던 날, "이제 둘만 남았네."하며 나는 괜히 큰소리로 떠들었다. 남편은 이 말을 못들은 체하며 대문간에서 오래 서 있었다. 그리고 집안으로 들어갔다가 마당으로 나갔다가 하며 마음의 갈피를 잡지 못하는 것 같았다.

요사이 남편은 자주 화초의 모종을 옮기고 있다. 해가 지는 것도, 옷이 비에 젖는 것도 모르고 이 일에 열중하고 있다. 그러고 보니 딸애가 시집을 가고 난 후에도 남편은 마당에서 오래 서성인 것 같다. 매화나무를 창 밑으로 옮기기도 하고 앵두나무를 백일홍 곁으로 보내기도 하였다. 키가 큰 참죽나무를 산을 가린다 하며 구석진 곳으로 밀어내었다. 열매를 맺지 않는 자두나무를 두고 "쓸모없는 나무." 하며 본체만체 하였다. 무엇인가에 화가 나 있는 듯 나무들에게 타박을 주고 또 주었다.

나는 나무와 씨름을 하고 있는 남편을 보고 그것은 나무와 힘겨룸을 하고 있는 것이 아니고 딸애가 남기고 간 빈자리와 싸우고 있는 것임을 문득 깨달았었다.

오늘 다시 맏아들 가족이 떠나버린 빈자리와 싸우고 있는 남편을 본다. 땅 위를 성큼성큼 걸어다니며 큰 나무들을 옮기고 지배하던 지난날 대신 땅에 앉아 비를 맞고 있는 남편의 뒷모습을 본다. 잠시 쉬고 있는 듯 바위처럼 움직임이 없다.

봉숭아꽃에 돌아앉아 그는 무엇을 보고 있을까. 붉은 꽃잎이 애잔하게 흔들리고 있는 모습을 보고 있을까. 여린 봉숭아 뿌리가 묻힐 땅을 보고 있을까. 요사이 내가 빈 뜨락, 빈 대문간을 멀거니 바라보며 자식들과의 분리의 작업을 눈물겹게 시도하고 있듯이 남편도 지금 그 아픔의 뿌리를 땅에 묻고 있을까.

새로 옮긴 봉숭아가 남편과 한몸인 듯 붙어 있다. 하나, 둘,

셋, 봉숭아꽃나무는 행렬을 지으며 나란히 서 있다. 남편의 머리 위로 갓 태어난 것 같은 참새 몇 마리가 스치듯 지나간다.

겨울나무의 힘

올 겨울은 눈이 내리지 않는다. 눈이 없는 겨울은 왠지 축복받지 못한 느낌이 든다. 춥고 지루하다. 이번 겨울을 넘기기가 더욱 힘이 드는 것은 몇 차례의 독한 감기를 치르고 있기 때문일 것이다. 조금만 바람을 쐬어도 목이 부어오르고 눈에 핏발이 선다.

눈이 내릴 듯한 하늘 밑을 걸어 보는 것도, 깊은 밤, 등불 밑에서 책을 읽는 것도 할 수 없다. 집안에 갇혀 따뜻한 곳만 골라 다니며 아픈 몸을 쉬고 있다. 어저께는 난로 곁에서 친구들에게 전화질을 해대며 하루를 보내었고 오늘은 햇살 좋은 창가에 앉아 혼자 빈집을 지키고 있다.

창 밖에는 옷을 벗은 나무들이 창공에 솟아 있다. 어찌 보면 쓸쓸해 보이기도 하지만 빈 몸 그대로 추위와 맞서고 있는 나무의 기개가 매우 호기롭다. 아무리 보아도 바람의 형체는 보이지 않는데 나무의 끝가지들은 무언가에 부대끼고 있는 듯 끊임없이 움직이고 있다.

문득 당당하게 겨울나기를 하고 있는 나무 곁에서 나도 겨울바람과 맞서보고 싶은 오기가 일어났다. 곧 두터운 덧옷과 목도리와 마스크 등으로 몸을 무장하고 마당에 내려섰다.

감나무며 호두나무의 무성하던 잎새들은 자취도 없고 비비추며 황국덤불이 있던 자리도 간 곳이 없다. 흐드러지게 꽃을 피우던 살구나무며 들찔레 둘레에도 향기로운 꽃 잔치의 흔적이 없다. 모두 죽어버린 것일까. 겨울의 길이가 더욱 아득한 느낌이 든다.

우리 집에서 키가 제일 큰 산능금나무 밑으로 갔다. 나무의 끝가지들이 조용하게 몸을 움직이고 있다. 저항하지 않는 모습은 모든 것을 포기해 버린 것 같다. 아니 포기해 버린 것이 아니라 무언가에 온몸을 맡기고 있는 것 같았다.

팔을 뻗어 나무에게 손을 대어 본다. 사람의 몸처럼 더운 감촉도, 맥이 뛰는 느낌도 없다. 나무의 밑둥에는 마른 잎이 깔려있다. 낙엽들은 나무의 빛나던 시절을 지켜주다가 마침내 땅으로 떨어져 내린 것들이다. 쌓인 낙엽 더미가 한 자락 이불 같다. 나무에 기대어 앉았다. 편안하다.

지금쯤 이 나무에서 수확한 열매의 술이 한창 맛이 들었을 것이다. 겨울밤의 등불 밑에서 익은 열매의 술 맛을 보고 싶다. 붉은 산능금술에 취하여 보고 싶다. 요사인 자주 무언가에 취해보고 싶은 충동을 느낀다. 흘러가는 구름 떼 같은 자유로움에도 취하여 보고 싶고, 노을빛 같은 정에도 취하여 보고 싶고, 현란한 색채의 혼란에도 취하여 보고 싶다. 그것도 거나하게 취하여 계산하고 궁리하는 일상에서 풀려나 보고 싶다.

가슴이 답답하다. 입을 가린 마스크와 목도리를 풀어버렸다. 그것들을 제거하자 바스락대는 가랑잎 소리가 들린다. 바람소리도 들린다. 나무들은 바람을 마셔대고 있는 듯 몸을 흔들고 있다.

나도 나무들처럼 몸을 흔들며 바람을 마셔대었다. 갑자기 발작을 하듯이 기침이 나온다. 기침의 징조는 이내 멈추어지지 않을 것 같다. 얼른 마스크를 다시 끼고 목도리를 목에 둘렀다. 그리고 기침약을 찾으러 쏜살같이 집 안으로 들어갔다. 겉옷에 묻어온 마른 잎이 바닥에 떨어진다.

내가 시도해본 문밖 외출이며 겨울바람과 맞서보고 싶었던 오기가 무너져버렸다. 나무들은 끄떡도 않고 있는데 나만 도망치듯이 집 안으로 들어왔다.

마당에 있는 나무들은 우리가 심고 가꾸어 온 것들이다. 우리의 의지대로 이곳저곳으로 옮기기도 하고 가위질도 하였다. 나무의 지배자로 자처하며 꽃이나 열매들을 먹어버리기도 했었다. 그러나 나무들은 지배자인 우리보다 더 큰 힘을 몸속에 지니고 있는 것 같다.

앞으로 나는 더욱 두꺼운 옷으로 무장을 하고 겨울 하늘 밑을 웅크리며 지나다닐 것이고 나무들은 나이를 먹을수록 더욱 당당하게 하늘로 솟아오를 것이다. 그것은 나무와 인간이 함께 감당하는 겨울나기의 힘겨룸에서 나무의 능력이 더욱 윗길에 있음을 증명해 주고 있다.

헌책방에서

버스 정류장 가까운 곳에 헌책방이 새로 들어섰다. 사진관, 만두집, 세탁소 등과 나란히 끼어있는 책방은 낡은 책만 수북하게 쌓여 있을 뿐 주인도 손님도 눈에 잘 뜨이지 않는다.

내가 헌 책방을 처음 알게 된 것은 구두의 굽을 갈아 끼우기 위해 구두 수선공을 찾아갔을 때였다. 담 밑 길가에 기구를 차려 놓은 구두 수선공은 그때 검은 구두약이 묻은 손으로 책장을 넘기며 독서를 하고 있었다. 소설 책 같았다. 몇 권의 다른 책도 옆에 있었다.

그는 근처에 있는 헌 책방에 가면 책이 산더미처럼 쌓여 있다고 하며 모두 천 원짜리들이라고 했다. 나는 새로 갈아낀 구두 굽을 똑똑 거리며 구두수선공이 일러준 헌 책방을 향해 갔다. 천 원짜리 책을 사러간 것이 아니고 서글픈 마음으로 흘러간 옛 책을 만나러 갔었다는 것이 옳겠다.

가게 안에는 낡은 책들이 무질서하게 포개어 있고 책마다 저자의 사진이며 이름이 새겨져 있었다. 그들은 조금씩 젊어 보였고 사색적인 얼굴을 하고 있었다. 시인도 있고 수필가도 있고 소설가도 있었다. 이미 세상을 떠난 낯익은 작가들도 보였다.

이제 그들이 고뇌하고 표현한 문학정신은 두부 한 모 값으로 흥정이 되어 구두수선공 곁으로, 또는 다른 알지 못하는 곳으로 팔려가고 있다. 나는 쌓인 책 속에서 릴케가 쓴 ≪로댕론≫과 ≪말테의 수기≫ 그리고 청마의 ≪제9시집≫을 찾아내어 가슴에 안고 돌아왔다.

나는 어릴 적부터 책을 읽는 것이 참 좋았다. 초등학교 시절, 아버지는 자주 책을 사다 주셨다. ≪어린 예술가≫니 ≪피터팬≫이니 소파 방정환의 이야기 책들이었다. 그 중에서 여학생 문학 독본이 매우 감명 깊었다. 거기 실린 아나톨 프랑스의 ≪곡예사≫ 앙드레 지드의 ≪구슬 이야기≫ 김동인의 ≪무지개≫ 등은 지금도 나의 의식 속에 향기로운 문학작품으로 남아 있다.

연애소설을 즐겨 읽던 때도 있었다. 중학교 2학년 때였던가. 외갓집에서 이모님이 보고 있는 소설책을 읽었다. 한문으로 쓰여 있는 책의 제목이나 저자는 알 수 없지만 젊은 남녀가 연애를 하는 내용이었다. 주위의 반대에 부딪쳐 둘이서 도망을 갈까 말까하는 장면에서 그만 들키어 책을 빼앗겼다.

그 후 곧 육이오 전쟁이 일어났고 우리는 산골로 피난을 갔다. 나는 전쟁의 고통 속에서도 여름밤의 어두운 하늘을 올려다보며 소설의 주인공들이 도망을 갔을까 말았을까 하며 궁금해 하였다. 가슴 두근거리는 사랑이야기가 전쟁의 공포를 조금은 잊게 해주었는지도 모르겠다.

이윽고 전쟁이 끝나고 우리는 불타버린 집과 학교를 찾아 다시 모였다. 전쟁의 아픔이 우리를 성숙시킨 것일까. 그때의 학생들은 사색의 깊이니 삶의 의미니 하며 어려운 책들을 뜻도 모르고 읽어대었다. 우리의 책가방 속에는 언제나 한두 권의 책이 들어 있었고 나는 책과 함께 숨을 장소를 찾아 나의 방이나 도서실을 향해 달려가곤 하였다.

두 번째로 헌 책방을 찾아갔을 때였다. 책방주인이 쌓인 책더미를 가리키며 외국으로 이민을 가버린 집에서 쏟아져나온 것인데 주로 시나 수필, 소설 나부랭이들이라고 말했다. 그가 예사롭게 뱉은 나부랭이라는 말이 날카로운 가시가 되어 마음을 찔렀다. 책을 엮어내던 기쁨과 고통은 어느덧 사라지고 책들은 이제 시 나부랭이, 수필 나부랭이, 소설 나부랭이가 되어 모든 헌것들과 함께 사라지고 마는가.

언제인가 나의 책들도 남루한 모습으로 저 무리 속에 끼어 있는 것을 상상해 본다. 두부 한 모 값에 팔린 책이 누군가의 손에 들려 낯선 곳으로 가고 있는 모습을 상상해 본다. 책 속에 내재되어 있는 정신이 휴지처럼 찢겨지며 이 세상에서 소멸되어 가는 모습을 상상해 본다.

앞으로 나는 자주 헌 책방에 들려 흘러간 옛 책들을 뒤적일 것이다. 책 더미 속에서 행여 문우들이나 나의 옛 수필집을 발견한다면 가슴을 많이 아파하며 저녁거리를 지나갈 것이다. 그때 나는 핍박받는 사람의 손목을 잡듯 책의 거칠어진 표지를 어루만지며 울고 싶은 기분이 될 것이다. 그러나 나는 헌 책들을 보물처럼 가슴에 껴안으며 책과 함께 숨을 장소를 찾아 빠르게 달려갈 것이다.

저물녘의 섬진강

어두움은 강 건너 산에서부터 시작되었다. 산 그리매가 차츰차츰 밑으로 내려와 섬진강 물 위에 남실거린다. 지금 우리는 저물녘의 섬진강 곁을 지나고 있다.

섬진강을 찾아와 만나는 것이 이번이 네 번째이다. 엄밀히 따지면 섬진강은 내 유년의 기억 속에 남아 있는 최초의 강의 모습이다. 섬진강 곁에 있는 악양 땅은 내가 태어나 잠시 살았던 곳으로 부모님은 이곳에서 처음 혼인 생활을 시작했다고 한다. 부모님의 첫딸로 태어난 내 생명의 원초 속에는 지리산의 산 공기와 섬진강의 물 내음이 섞여 있는지도 모른다.

단 세 조각의 기억으로만 남아 있는 내 유년의 섬진강, 섬진강 강둑에 할아버지와 아버지와 내가 서 있던 기억, 멀리 보이는 지리산 봉우리에 흰 구름 떼가 언제나 이리저리 움직이고 있던 기억, 또 어머니의 손을 잡고 섬진강을 향해 달려갔던 기억들이다.

어느 해의 여름이었던가. 방학으로 집에 돌아온 아이들을 데리고 섬진강을 향해 길을 떠났다. 대구에서 광주로, 광주에서 구례로, 구례에서 섬진강을 끼고 진주로 돌아가는 길이었다. 이미 청년과 처녀가 되어 있는 나의 아들 딸은 그때 눈부신 흰 여름 모자를 쓰고 섬진강 곁을 지나갔었다.

'섬진강과의 다시 만남', 나는 강을 만나고 돌아와서 이런 제목의 수필 한 편을 썼었다. 그리고 그 글을 발표하였다.

두 번째의 여행은 친구들과 화엄사 구경을 갔을 때였다. 손뼉치고 노래하는 친구들과 함께 악양 땅을 지나가며 부모님을 마음속으로 불러 보았다.

세 번째는 지난해 초봄, 문득 새순이 돋는 나무의 모습이 눈에 들어왔다. 그때 나는 '온 천지에 풋잎이 무더기로 솟아나는 산을 보고 싶다. 봄빛으로 따뜻해진 편안한 강을 보고 싶다.' 이런 생각이 일어났었다.

우리는 다음 날, 지리산과 섬진강을 향해 집을 나섰다. 그날 나는 섬진강가에 있는 악양 땅에 일부러 내려 내가 살았던 흔적을 찾아보았다. 그러나 흔적은 아무것도 없었다.

화개장터는 쌍계사로 올라가는 입구에 있다. 우리는 화개장터에서 소설 ≪역마≫를 떠올리며 역마살이 끼어서 이리도 끊임없이 산과 물을 찾아 쏘다니는가 하고 생각했다.

그날 화개장터에서 카메라의 셔터를 눌러주던 남자가 "구례로 가는 길에 연곡사에도 가보고 피아골도 가보시오." 했다. 남자의 눈이 어딘가 핏발이 서 있는 것 같기도 하였고 아니면 술에 취하여 있는 것 같기도 하였다.

연곡사를 지나 깊숙이 들어가면 바로 피아골이다. 아, 나는 그날의 피아골 모습을 잊을 수가 없다. 이 세상 사람의 수가 많고, 이 세상 사람의 정신이 저마다 다르듯이 갖가지 다른 색조로 눈트는 새 생명이 그리도 층층이 많음을, 그 생명의 빛이 그렇게 눈이 부심을 잊을 수 없다. 연둣빛 풋잎들은 시시각각으로 변하여 가며 생명의 절정으로 치닫고 있었다.

그날 피아골에는 나무의 순한 기운과 안개와 물소리가 계곡을 메우고 있었다. 안개의 덩어리들은 흩어지고 모이고 하며 몇 번이고 산봉우리를 희롱하더니 마침내 뭉치로 커져서 구름이 되어 갔다. 그것은 마치 구름 기둥의 황홀한 출범 같았다.

지금 네 번째로 스쳐가며 바라보는 섬진강, 오늘은 화개장터며 피아골이며 악양 땅을 둘러볼 마음이 없다. 날이 저물어 가는 탓도 있겠지만 이번에는 그저 섬진강 곁을 지나가는 구름처럼 그렇게 가보고 싶다. 저물어가는 섬진강을 그저 바라만 보고 싶다.

이제는 늦가을, 강가에 서 있는 나무들이 겨울잠 준비를 하고 있다. 지난번 여행 때에 "참 잘 생긴 나무."하며 쳐다보던 강변의 느티나무 위에 까치집이 얹혀 있다. 그때는 짙은 나뭇잎 때문에 보이지 않았는데 지금은 벗은 나뭇가지 사이로 까치집이 보인다. 새의 거처가 참으로 명당자리이다. 하는 생각이 든다. 지리산과 섬진강과의 아름다운 관계, 신령한 산과 강물의 어울림, 이런 기막힌 터가 세상 어디에 또 있겠는가.

강에서 한 남자가 낚싯대를 어깨에 메고 올라온다. 근방에는 인가가 없는데 저 남자는 저물어가는 강나루 길을 언제까지 걸어갈 것인가. 그 사람과 반대 방향을 향해 가고 있는 지금, 우리가 닿을 낯선 땅에서도 지리산 영봉과 섬진강 맑은 물이 흘러갈 것인가.

먼 산의 능선이 차츰 부드러워진다. 부드러운 곡선은 조금씩 우수를 머금고 있다. 가까운 산은 산색이 선명하고 그 다음 산은 더 희미하고 맨 끝에 포개어져 있는 산은 하늘과 맞닿아 경계선이 없어진다.

하늘과 땅, 그 경계선의 허물어짐, 지리산과 섬진강, 그 경계선의 무너짐을 지금 보고 있다. 아니 그것을 보고 있는 것이 아니라 우리도 어두움 속으로 함께 함몰되어 가고 있다.

코펜하겐의 일등석

북구의 밤은 여름인데도 춥고 쓸쓸하다. 여행의 마지막 저녁, 내일 아침이면 우리는 귀로에 오른다.

코펜하겐의 밤거리를 나섰다. 안데르센 동상이 있는 광장을 지나 낮에 가보지 않았던 남쪽 길을 따라 걸었다. 오슬로에서 돌아오는 열차에서 어떤 관광객이 권하던 밤의 티보리공원에 들어가지 않은 이유는 마지막 밤을 네온만이 휘황한 유흥지 같은 곳에서 보내고 싶지 않은 마음 때문이었다.

사람을 만나고 싶다. 긴 여행에서 스쳐간 사람들과는 다른 부류의 사람을 만나고 싶다. 우리는 바다가 있음직한 방향을 향해 갔다. 해안에는 조금은 가난하고 수다스럽고 마음이 아픈 사람이라도 살고 있을까.

건물의 모퉁이를 돌자 극장 같은 것이 보이고, 선전판에 그네 위에서 곡예를 하고 있는 청년이며 금빛 복장을 한 마술사며 하얗게 분칠을 한 피에로의 사진이 붙어 있다.

삼류 서커스단의 공연장인 것 같다. 분장한 얼굴로 유랑하고 있는 이 무리들은 그 동안 만나보지 못한 사람들이다. 매표구 안에 있던 여자가 일등석을 권한다. 무대 위에서 연출되는 묘기가 가장 잘 보이는 좌석이라고 말한다. 우리는 두 배의 돈을 지불하고 일등석으로 안내되어 갔다. 층계 위의 이등석에는 이미 관중들로 가득 차 있다. 밝은 불빛은 일등석 주위에 쏟아지고 붉은 융단이 발밑에 깔려 있다.

곧 무대 위에서는 주름투성이 치마를 입은 무희들이 캉캉춤을 추어 보이기도 하고 금발의 소녀가 달리는 말의 잔등 위에서 노래를 부르기도 한다. 몇 번째의 순서였던가, 사람과 동물이 함께 보여주는 무대, 그것은 사람이 동물에게 사육당하는 희극이었다. 아니 인간의 비극이기도 하였다. 아홉 명의 바보들이 연출하는 촌극, 퇴장하는 행렬의 끝을 잃어버린 피에로는 달려갈 길을 찾아 혼자 무대 위를 몇 번이고 돌고 돌며 배회하고 있었다.

불꽃을 먹는 남자, 외발 자전거를 타고 줄넘기를 하는 청년, 이제 몸이 늙어 트럼펫을 부는 흉내만 내고 있는 노인, 드디어 공중에 수많은 그네가 드리워지고 젊은 남녀가 줄에 매달린다. 조명은 일제히 그들을 향해 비춘다. 일등석에 앉아 있는 우리에게는 곡예사의 동작이 똑똑히 바라보였다. 머리에 새의 깃털을 꽂은 여인이 그네 위에서 몸을 회전시키며 비상하는 새의 동작을 몇 번이고 시도하고 있다.

곡예사의 마지막 목적은 꼭대기에서 흔들거리고 있는 그네의 밧줄이다. 새로운 묘기가 펼쳐질 때마다 관중들은 갈채를 보낸다. 그러나 나는 손뼉을 치는 대신 곡예사의 동작을 숨을 죽이며 지켜만 보고 있었다.

건너편 그네를 쳐다보는 여인의 초조한 눈빛, 호흡을 조절하는 가슴의 떨림, 팔뚝에 들어나는 푸른 정맥, 어깨의 완강한 근육 등이 나타나 보였다. 아름다운 동작 뒤에 가리어 있던 훈련의 흔적을 환히 본다는 것, 그것은 즐거움이 아니었다. 일등석은 차라리 고통의 자리이기도 하였다.

그 동안 유레일패스를 소지한 우리는 열차의 일등 승객이 되어 여러 나라의 어두운 부분을 눈감고 지나왔었다. 그래서 부유한 나라, 삶의 기쁨을 추구하고 있는 국민들이라고 부러워했었다. 그러나 여행의 마지막 저녁, 결코 흥겨울 수 없는 곡마단의 나팔소리 밑에 앉아 일등석의 비애를 절실하게 느끼고 있다.

안개의 장막에 가리어진 것은 신비롭고 분장의 빛깔에 덮여진 것은 아름다운 것, 차라리 이등석 관객이 되어 우리가 꿈꾸고 동경하던 외형적인 모습만을 간직하고 떠났으면 좋았을 것을.

그네 타는 여인의 묘기는 절정에 달하고 그녀의 몸은 흰 새의 깃털처럼 높이 오르고 있다. 그러나 새의 날개를 결코 가질 수 없는 인간의 슬픈 모습을 그는 하고 있었다.

소슬바람

나무 밑에 익은 열매며 낙엽이 떨어져 있다. 이제 소슬 바람이 불기 시작한 모양이다. 손을 뻗어 허공을 만지면 아무것도 없는데 땅 위의 마른 풀은 끊임없이 소요를 일으키고 나의 머리카락도 바람에 풀썩거린다. 갑자기 마음이 스산해진다.

해마다 소슬바람이 불기 시작하면 깨우쳐지곤 하던 계획들이 분주하게 떠오른다. 계획이란 빛깔 좋은 가을 고추장을 담궈야 한다든지 신경통이 심한 팔목을 겨울이 오기 전에 치유해야 한다든지 혹은 객지에 나가있는 아이들에게 새 이불 한 채씩을 만들어 보내는 일들이다. 하지만 그런 일을 감당하기엔 가을볕이 모자람을 느낀다. 마음은 더욱 조급해지고 가슴 한쪽에 접혀 있던 다른 계획이 또 펼쳐진다.

그것은 지리산 가까이 있는 시골에 한 번 다녀오는 일이다.

그곳에는 농부의 부인이 되어있는 옛 친구가 살고 있다. 지난 날 부모님의 권유로 대농가의 며느리로 시집을 간 그를 두고 우리는 많은 말들을 하였다.

시골부자인 그의 시댁은 일꾼이 많아서 친구는 손끝도 까딱하지 않아도 될 것이라느니 시부모님이 돌아가시고 나면 농토를 몽땅 팔아치우고 도시로 나오고 말 것이라느니 하며 어떤 친구는 그 혼인을 부러워했고 또 어떤 친구는 도시에서만 살아온 그의 세련미가 아깝다고 하였다. 그 후, 그는 농촌 생활에 적응하지 못하여 병이 났다느니, 도망치듯 도시로 나왔다가 남편에게 이끌리어 다시 들어갔다느니 하는 소문이 들려오기도 했으나 이내 잠잠해졌고 우리는 각자의 삶에 분주하여 서로 잊고 살아왔었다.

그가 벌써 딸아이를 둘이나 시집을 보냈다는 말을 듣게 되었다. 잔치에 다녀온 친구가 이제 넓은 밤나무 숲이며 복숭아 밭까지 거느린 대농가의 안주인으로 당당하게 틀이 잡혀 있더라고 했다.

나는 당당하게 틀이 잡혔다는 말을 듣고 지난 날, 그의 가슴을 누비고 지나갔을 반란의 물결들이 가라앉아 이제는 아무리 바람이 불어와도 끄떡도 않을 그의 모습을 떠올려 보았다.

우리는 곧 시외전화를 통해 서로의 안부를 물었고 재회를 약속하였다. 그는 가을바람이 선선할 때 자기 집에 오라고 하였다. 그 초대의 의미 속에는 거두어들인 농산물의 결실을 내게 보여주고 싶은 마음이 포함되어 있는 것 같아 미소롭기도 하였다.

내가 굳이 그의 시골집에 가기를 기뻐하는 것은 거칠어진 친구의 손을 각박한 도시 속에서 마주잡고 싶지 않는 마음 때문이다. 넓은 타작마당이나 밭머리, 혹은 뒷산의 밤나무 숲에 앉아 살아온 날들을 이야기하고 싶다.

그날 나는 굽이 낮은 신발과 주름이 넉넉한 치마와 흰 블라우스로 치장을 하고 찾아가고 싶다. 그때 나는 내가 출간한 책은 한 권도 들고 가지 않을 작정이다. 왠지 그래야만 될 것 같은 마음이 든다.

누구 앞에서나 선뜻선뜻 내어보이던 수필집이 결코 자랑이 될 수 없으며 어쩌면 글을 쓰고 책을 만드는 행위가 농부들 앞에서는 한갓 사치스러운 짓 같은 느낌이 든다.

곡식의 알이며 열매의 껍질이 묻어있는 저고리의 앞섶을 털며 친구는 민망해 할지 모르겠다. 그러나 나는 말하여 줄 것이다. 흙 속에서 식물의 생명을 성장시킬 줄 아는 그의 지혜가 얼마나 놀라운 일이며 그것은 아무나 흉내낼 수 없는 특수한 재주임을 말하여주고 싶다. 그리고 친구가 거기 있으므로 지리산 밑이 더욱 넉넉하고 따뜻하게 느껴짐을 말하여 줄 것이다.

마지막으로 나는 그에게 꼭 물어볼 말이 있다. 몸에 병이 날 정도로 정이 붙지 않던 땅. 몽땅 팔아치우고 싶었던 농토에 대한 거부감이 어느 연령 쯤에 애정과 신뢰로 변하여 갔던가를. 또 농사를 감당할 수 있는 좋은 힘이 생겨났는가를 꼭 물어 보고 싶다.

손의 기도

혼자 주일 미사에 참석했다. 가족이 함께 오던 습관 때문인지 왠지 허전한 느낌이 든다. 미사가 끝나면 곧 결혼식에 가야 하므로 나는 제법 호사로운 옷차림을 하였다.

비어있는 의자에 앉았다. 몇 사람의 어른들이 이미 자리를 잡고 있다. 그들도 혼자 온 듯 외톨이처럼 앉아 있다. 옆에 있는 여자에게 인사말을 건네었다. 그러나 무표정하게 바라만 볼 뿐 대답이 없다. 순간 무시를 당한 느낌이 들었다.

청년이 들어왔다. 그가 여자에게 손놀림을 하였다. 여자도 웃으며 같이 손놀림을 한다. 그들의 손놀림은 어떤 표현같기도 하였다. 그렇다. 그것은 농아들이 의사 표시로 사용하는 수화手話였던 것이다. 그러고 보니 그들은 모두 농아자이고 이 자리는 그들을 위하여 일부러 비워 놓은 것이 분명하다. 나는 얼른 소지품을 챙겨 들고 그곳을 떠났다. 나의 치맛자락이 옆에 앉은 여자의 발등을 쓸고 지나왔다. 다른 쪽으로 갔다. 그들과 맞은편 자리이다.

미사가 시작되고 우리는 입을 열어 입당송을 불렀다. 찬미의 소리가 성당을 메우고 있다. 건너편 사람들을 바라본다. 그들은 입을 여는 대신 어떤 손놀림을 하고 있다. 손의 동작이 빠르기도 하고 느려지기도 한다.

하늘이라는 말이 나올 때는 일제히 손을 들어 머리 위를 가리키고 마음을 표시할 때는 두 손을 가슴에 포갠다. 손끝을 나뭇잎처럼 나부끼며 반짝이는 동작을 하기도 하고 두 팔로 원을 그리며 앙망하는 눈길을 높은 곳으로 향하기도 한다. 그들의 손놀림이 안타까운 몸부림같기도 하다.

건너편에 있는 여자가 계속 이쪽을 보고 있다. 나의 치마가 발등을 휩쓸고 온 여자이다. 눈길이 마주쳤다. 얼른 얼굴을 앞 사람의 등 뒤로 숨겼다. 그러나 건너편 여자는 계속 나를 보고 있다. 자세히 보니 나를 보고 있는 것이 아니라 초점이 맞지 않는 눈동자가 앞으로만 계속 고정되어 있는 것 같았다.

나는 왜 그 여자 곁을 쏜살같이 떠나와 버렸을까. 그의 눈길을 피하려고 하였을까. 인사말에 대답이 없어 무안을 느낀 때문일까. 아니면 그들의 수화手話를 함께 흉내낼 수 없는 소외감 때문이었을까. 그러나 그런 이유가 결코 아님을 나는 알고 있다.

'나는 말을 못하는 농아들과 다른 사람이다.', '내가 있을 자리는 그들의 고통스러운 위치가 아니다.' 즉 '나는 그들과 같지 않다.' 하는 생각 때문에 그들 곁을 빠르게 떠나 건강한 사람들 옆으로 와 버린 것이다. 나의 호사스러운 옷차림이 기가 죽어 있는 그들을 거침없이 휩쓸었었다.

이제 미사는 봉헌예절이 시작되었다. 우리는 다함께 일어서서 '옹기장이 손으로 빚어진 우리' 라는 성가를 농아들은 수화로, 우리는 입을 열어 큰소리로 불렀다. 옹기장이의 손으로 빚어진 사람들은 한 개의 그릇이 되어 세상에서 각각의 몫을 하며 살아가고 있다.

어떤 그릇은 음식을 담기도 하고 어떤 그릇은 꽃을 담기도 하고 또 어떤 그릇은 빈 그대로 한자리에 놓여 있기도 한다. 창조주의 의도대로 빚어진 존재라면 농아자로서 한평생을 살아야 하는 그들의 그릇 빚음의 의미는 무엇일까. 옹기장이의 그릇 빚음의 이치는 우리가 설명 받을 수 없는 신비인가.

쾅쾅 가슴을 두드려 닫혀있는 농아들의 소리를 열어주고 싶다. 침묵의 늪 속에 갇혀있는 울음 같은 함성을 풀어주고 싶다. 가슴 밑바닥에 침잠되어 있는 아름다운 언어들을 건져 올려주고 싶다.

미사가 끝나고 마지막 퇴장성가가 울려 퍼진다. 나는 입으로 노래를 부르는 대신 농아자들을 따라 수화의 흉내를 내어본다. 그들처럼 손을 흔들기도 하고 손을 마주잡으며 합장도

해보고 두 팔을 머리 위로 올려도 본다.

갑자기 눈물 같은 평화가, 눈물 같은 감미로움이 밀려온다. 우리가 감당하고 있는 고통이 결코 무의미한 것이 아님을 깨우친다. 농아자들이 열렬히 봉헌하는 손의 기도, 그것은 우리가 입으로 소리내어 바치는 기도의 구멍난 부분을 채워주는 마지막 장식이며 그 기도의 몫이 우리의 기도보다 더 윗길에 있음을 깨닫는다.

앞으로 나는 자주 이 미사에 참석하여 그들이 바치는 손의 기도에 함께 동참하고 싶다. 우리가 헛된 소리 때문에 상처받았던 마음을 그들이 바치는 손의 기도에서 위로받고 싶다. 그들의 침묵 안에 고여 있는 진정한 소리의 의미를 깨우침 받고 싶다.

땅 밑

어느 봄날, 호박을 심기 위하여 호미로 구덩이를 팠다. 뜰에는 이미 매화는 이울고 살구꽃이 한창이다. 조금 있으면 산능금꽃도 피어날 것이다. 나는 살구꽃을 눈이 부셔하며 바라본다. 눈부신 것이 어찌 꽃뿐이겠는가. 호들갑을 떨며 찾아오는 봄의 모습은 모두 눈이 부신다.

이런 눈부신 봄의 행위에 나도 동참하고 싶어 땅을 파고 씨앗을 뿌리고 있는지 모른다. 땅 한 번 파고 살구꽃 한 번 쳐다보고 또 호미질 한 번 하고 구름 떼 한 번 올려다보며 이 일을 하고 있다. 땅 밑의 흙은 땅 위의 흙보다 더 부드럽고 촉촉하다.

문득 땅 속에 가느다란 끄나풀 같은 것이 이리저리 뻗어 있는 것이 보인다. 뿌리였다. 가까이 있는 감나무나 앵두나무의 잔뿌리같기도 했다. 땅 속에는 이런 나무의 뿌리만 있는 것이 아니고 뱀딸기나 쑥 같은 풀의 뿌리도 얽혀 있다. 어떤 것은 뿌리 끝에 연둣빛 잎을 달고 땅 위에 고개를 내밀 때를 기다리고 있다. 나는 즉시 호미질하던 손길을 멈추었다. 오래 전의 할아버지 말씀이 생각났기 때문이다.

할아버지는 정원의 화초나 나무를 옮기실 때마다 "뿌리를 다칠라. 뿌리는 세상 모든 생명의 근본이다." 하셨다. 뿌리가 없이는 존재도 없다는 뜻일 게다. 그렇다면 나는 지금, 나무나 풀의 근본을 만나고 있는 셈이다.

그 동안 땅 위에 솟아있는 수목이나 화초를 볼 때면 늠름하고 고운 모습만을 감탄했을 뿐 그것들을 지탱하고 있는 뿌리에 대해 생각한 적이 없다. 그것뿐이겠는가. 내가 존재하게 된 근본에 대해서도 별 느낌 없이 살아왔다. 그러나 오늘, 초목의 여린 뿌리 앞에서, 나와 나의 아버지와, 할아버지와, 또 더 먼 옛날에 존재했을 생명의 뿌리, 그 장엄한 연결을 엄숙하게 생각한다.

뿌리 한 가닥을 손바닥 위에 올려놓았다. 손에 얽혀있는 손금과 팔목의 정맥이 뿌리와 닮아 있다. 흔히 손금을 보고 재물운이니 자식 운이니 생명줄이니 하며 앞날을 점친다. 푸른 정맥도 몸 속을 지나다니며 목숨을 유지시키고 있다. 그렇다면 초목의 뿌리와 사람의 핏줄은 그 역할이 같은 몫을 하고 있는 셈이다.

새 잎을 피워 올리기 위해 안간힘을 쓰고 있을 땅 속의 뿌리들, 우리가 함부로 짓밟고 다니는 땅 밑에서 주장의 때를 준비하고 있을 잡초의 뿌리들, 뿌리들의 역할이 대단하고 또 안쓰럽다.

이윽고 호박 구덩이를 모두 팠다. 하나는 서쪽 담 밑에, 하나는 볕이 바른 언덕 위에 팠다. 작년에 받아 둔 호박 씨 한 움큼을 쥐고 구덩이 곁에 주저앉았다. 씨앗의 아래위를 찾아낸 뒤 꼭꼭 심었다. 호박씨를 심기 위해서는 나의 자세가 구덩이를 향해 절을 하고 있는 것처럼 되었다. 호박 씨 위에 골고루 흙을 덮었다. 흙을 덮고 나니 호박 씨를 심은 표는 아무데도 보이지 않았다. 아무 짓도 하지 않았던 것처럼 자리를 떠났다.

그 후, 나는 현관 층계에 앉아 자주 호박 구덩이를 넌지시 보고 있다. 어둔 책상 속에서 죽은 듯이 엎디어 있던 씨앗이 땅에 뿌리를 내리고, 마침내 땅 위에 고개를 내미는 경이로운 순간을 기다리고 있는 것이다. 땅 밑에서 행하여지는 놀라운 일을 날수를 헤아려가며 지키고 있는 것이다.

조금 후, 날이 어둑해지면 외출했던 가족들이 집으로 돌아올 것이다. 그러나 내가 구덩이를 파고 호박 씨를 심은 사실은 아무도 눈치채지 못할 것이다. 나는 계속 시치미를 뗄 것이다. 내가 침묵하는 이유는 인간의 수다가 이들 생명의 탄생에 아무 도움을 줄 수 없기 때문이다.

씨앗의 땅에 묻힘, 형체의 썩어짐과 뿌리내림, 마침내 땅 위로 솟아오름, 이런 순서들을 주관하는 땅 밑의 이야기는 호박덩굴이 한 발 정도나 뻗어갔을 때 비로소 사람들에게 떠들어댈 작정이다.

2부

바람에 대하여

풀과 함께

석수장이의 부도不渡

산골 아이

단청 밑에서

돌미나리를 찾아서

겨울냄새

또또의 자유

빈 밭에서

무지개

바람에 대하여

젊은 시절, 바람에 대한 연작시를 자주 썼다. '바람의 울음'이니 '바람의 상처는 바위에 남고' 등 이런 음울한 글들을 겁도 없이 써대었다. 어느 해 봄, 문학의 밤 행사에서도 나의 시 〈바람〉을 낭송하였다. '어디서 와서 어디로 휘몰려 가버렸는가. 눈을 떠 둘레를 돌면 아무것도 없다.' 시의 구절처럼 바람은 허무의 그림자를 드리우며 나를 지배하고 있었다.

어째서 나는 바람을 공격해오는 가해자 같은 느낌으로만 표현하였을까. 바람이 지나간 자리는 언제나 상처가 남고 그 흔적은 텅 빈 공동 같은 것, 그 세력이 너무 강해서 인간의 능력으로는 결코 대항할 수 없는 불가항력의 힘 같은 것, 이런 의식으로 바람을 두려워하며 살아왔었다.

어릴 적부터 나는 기침감기의 단골이었다. 서늘한 가을바람

속에서 친구들과 뛰놀다가도 문득, 감기에 걸리면 어쩌나 하며 겁을 내었다. "바람이 부니? 감기 들라 조심해라." 이 말은 아침마다 나에게 건네는 어머니의 말씀이었다. "남강 바람이 아직도 차다. 목에 수건을 둘러라."하시며 할머니는 명주수건을 목에 꼭꼭 감아주시었다.

나는 명주수건의 따뜻한 감촉을 즐기기도 했지만 겨울 내내 목에 감고 있는 목수건이 친구들 앞에서 매우 부끄러웠다. 그리고 멀리서 들려오던 밤바람 소리는 때때로 귀신의 소리를 질러대며 나의 꿈속을 비집고 들어오기도 하였다. 그때, 올려본 겨울창공의 새 떼며 나무들은 꿈쩍도 않고 자신을 지키고 있는데 나 혼자만 바람 앞에서 무너지고 있었던 것이다.

그런데 언제부터였던가, 기침이 내게서 물러가 버렸다. 작은 샛바람 앞에서도 민감한 반응을 보이던 허약한 몸도 건강해지고 목에 두르고 있던 명주수건도 풀어버린 지 오래되었다. 이제 바람과 맞서는 힘이 내게 생겨난 것이다. 처음에는 이런 변화가 기분 좋았었다. 튼튼해진 몸을 뽐내며 바람 속을 이리저리 휘젓고 다녔었다.

하지만 문득, 겨울바람 앞에서도 끄떡도 않는 나의 모습이 들판 가운데 서 있는 전봇대와 같다는 느낌이 들었다. 어떤 큰 바람이 몰려와도 아무 흔들림이 없는 전봇대, 전봇대의 무감각, 무저항, 무감동, 그런 전봇대를 지금 나는 닮아가고 있는 것일까. 이제 몸과 마음이 점점 비대해져서 바람도 감기도 피해가 버리는 무서운 존재가 되고 말았는가.

며칠 전, 어떤 분이 나의 글을 읽고 편안한 느낌을 준다고 하였다. 또 다른 분은 글 속에 나타난 정신이 치열하다고 했다. 편안한 느낌을 준다는 것도 좋은 말이기도 하지만 나는 치열하다는 말이 더 좋다. 치열하다는 것은 무언가와 싸우고 있다는 의미가 된다. 많은 사람들이 병고와도 싸우고 고독과도 싸운다. 또 어떤 사람은 자기의 목표를 위해 투쟁하기도 한다. 그렇다면 지금 내가 싸우고 싶은 상대는 무엇일까. 그것은 나의 무기력과의 싸움이다.

바람이 몰고 오는 세력 앞에서 나를 지키기 위해, 바람이 토해내고 있는 허무를 극복하기 위해, 또 어디로인가를 향해 가고 있는 바람의 향방을 모색하기 위해 분주했던 젊은 날들, 그때의 의지를 다시 되찾고 싶다.

'바람은 지금 어느 산모롱이에서 죽어가고 있는 것일까. 나무 끝에서 울어쌓던 바람, 흰 기폭 안에서만 제 모습을 펄럭이던 바람은.' 이런 글을 지으며 바람을 동반하고 다니던 나의 지난 날, 그때의 길목을 다시 한 번 지나가 보고 싶다.

풀과 함께

사람들이 강을 건너고 있다. 작은 배를 타고 강 저쪽으로 가고 있다. 나도 처음에는 강을 건너가려고 했었다. 한 번도 가보지 않았던 낯선 땅, 강 건너 마을, 그 이름 모를 동네에 가보고 싶었다.

그런데 강 저쪽에서 배를 타고 건너온 사람이 불어난 강물 때문에 물살이 매우 거세어졌다고 하였다. 깊이를 알 수 없는 강, 출렁이는 물살 등, 나는 강이 무서워졌다. 하지만 일행들은 강을 건너가기를 고집한다. 강 건너에서 꽃구경도 하고 강에서 갓 잡아 올린 물고기 요리를 먹자고 한다.

피어나는 봄꽃 곁에서 살아있는 생선으로 요리를 하다니 마음이 내키지 않았다. 일행들은 배를 타고 강을 건너가고 나만 남았다. 그들은 "혼자서 심심하겠네." 하는 위로의 말을 던지고 갔다. 하지만 나는 심심할 것 같은 혼자의 시간을 탐을 내고 있는 것이다.

봄빛으로 가득한 들판을 이리저리 거닐어보고 싶은 마음, 땅 밑에서 솟아오르는 새 생명들을 만져보고 싶은 마음, 먹는 일, 취하는 일 등 인간의 욕망과 분리되어 봄풀들과 한나절을 보내고 싶은 마음, 이런 마음 때문에 나는 혼자 남아 있다.

들판에는 땅의 경계선인 논두렁이 완만한 곡선을 이루며 멀리까지 뻗어 있다. 그 곡선들은 봄날의 우수를 머금고 있다. 논두렁 위로 올라섰다. 낯익은 골목길에 들어선 것처럼 마음이 편안해진다.

어린 시절, 산골에서 살던 때가 있었다. 그때 나는 넓은 길을 젖혀두고 좁은 논두렁을 걸어 집으로 가곤 하였다. 발에 채는 풀꽃도 보고 먼 산에서 울어대는 뻐꾸기 소리도 들으면서 걸어갔었다. 논두렁 위의 풀들은 내가 가는 길에 동반자가 되어 주었다. 이런 기억 때문인지 지금도 논두렁, 밭두렁을 보면 걸어가 보고 싶은 충동을 느낀다.

나는 지금, 천지를 지배하고 있는 봄의 세력 속에서 한 포기 움직이는 들풀이 되어 논두렁 위를 걸어가고 있다. 한 그루 움직이는 나무가 되어 불어오는 봄바람을 마셔대고 있다.

풀 옆에 주저앉았다. 삐뿌쟁이, 논냉이 칭칭이, 문둥이 배추 등이 눈에 뜨인다. 그런데 어떤 풀은 아무리 생각해도 이름이 생각나지 않는다. 지난 날, 산골 아이들이 가르쳐준 투박한 이름만이 생각날 뿐이다. 풀이름 끝에 함께 논두렁을 뛰어다녔던 동무들이 떠오른다. 숙이, 인이, 풋순이, 끝냄이 등 풀잎 같은 그들의 모습이 기억난다, 모두 어디 있을까. 봄풀의 모습은 그때와 변함이 없는데 우리는 다시 만나진다 해도 서로 알아볼 수 없을 것이다.

나는 이런 허망한 기분을 떨쳐버리기 위해 봄의 노래를 부르기 시작하였다. 그러나 아무리 생각해도 노랫말이 잘 기억나지 않는다. 봄풀과의 즐거운 한나절을 보내고 있는 지금, 내 기억의 소멸을 자각한다니 쓸쓸한 일이다.

입을 다문 나는 쏟아지는 햇살 속에 손도 내밀어보고 봄풀의 몸도 어루만져본다. 풀이 뿌리를 내리고 있는 흙 한 줌도 쥐어본다. 봄 햇살의 따뜻함, 봄풀의 정겨움, 봄 땅의 부드러움이 전해온다.

나는 보석 같은 이 기분을 껴안으며 논두렁 위에 일어섰다. 그리고 강물 쪽을 넌지시 바라보았다. 강을 건너 배를 타고 간 사람들은 아직도 무엇에 취하여 있는지 모습을 나타내지 않는다.

석수장이의 부도不渡

자주 지나다니는 길가에 석공들의 작업장이 들어섰다. 본래 그 땅은 시금치며 겨울초 등이 자라는 채소밭이었다. 그러던 것이 어느 날 채소들은 뽑혀지고 시멘트로 벽돌을 찍어내는 일터로 변하였다. 시멘트 가루가 온 땅을 뒤덮더니 일 년 만에 문을 닫았다. 다시 공터가 되었다.

그 땅에 석공들의 작업장이 새로 들어선 것이다. 큰 돌들이 실려와 여기저기 자리를 잡고 망치를 든 노소의 석공들이 돌의 둘레를 돌며 새로운 탄생을 계획하고, 이런 움직임은 분주하고 활력이 넘쳐 보였다.

나는 오랫동안 누가 주인인지 알지 못하였다. 아무도 주인의 거만한 티를 내지 않았고 모두 묵묵히 돌에 매달려 새김질에만 열중하고 있었다. 한 번은 큰 돌들을 실은 트럭 위에서

초로의 남자가 인부들을 지휘하며 돌을 땅에 내리고 있었다. 주인인 것 같았다. 그의 모습은 아직 다듬어지지 않는 바위처럼 보였다. 그러나 돌을 깎아내는 솜씨가 귀신같다고 옆에 있는 사람이 말하였다.

그곳을 지날 때마다 나는 석상이 완성되어가는 순서를 보게 된다. 처음에는 한 개의 돌이던 것이 석공의 손길에 따라 깎여져 부드러워지고 직선과 곡선이 서로 관계하여 결곡한 선의 흐름과 달덩이 같은 돌의 무게를 만든다. 겨울강물과 같은 돌의 피부가 형성되면 마침내 돌들은 다른 곳으로 떠나간다.

때때로이지만 성당에서 돌아오는 아침, 아직 석공들은 보이지 않고 흩어져 있는 돌들만이 모습을 드러낸다. 석상들은 혼자 밤을 지새운 모습으로, 또 어떤 돌은 한쪽 모서리만 새김질되어 그것이 사람의 어깨인지 짐승의 머리인지 구별할 수 없는 모습으로 땅에 붙어 있다. 그 미완의 형상들은 순식간에 돌의 껍질을 깨고 밖으로 튀어나올 자세를 하고 있다.

이때쯤이면 산에 묻혀 있는 바위들도 모습을 드러내는 시간이다. 암울한 바위들은 새롭게 탄생시켜 줄 석공의 손길을 기다리고 있을 지도, 혹은 완성된 석상들은 야성野性의 바위를 다시 꿈꾸며 산을 보고 있을 지도 모른다는 생각을 하며 나는 돌 곁을 떠나오기도 한다.

봄이 지나가고 나뭇잎이 푸르러질 때, 단풍나무 밑이 허허한 느낌이 들었다. 석상 하나를 세우고 싶은 충동이 일어났다.

즉시 석공의 작업장으로 달려갔다. 나는 주인에게 사람이 서 있는 모습을 요구했고 고뇌가 담긴 표현을 해달라고 하였다. 나의 말을 묵묵히 듣고 있던 주인이 "우리 같은 석수장이들은 그런 어려운 예술적인 것 같은 것은 만들 수 없소." 하며 간단하게 거절을 하였다.

나는 '예술적인 것 같은 것.'하며 내뱉던 그의 거친 대답을 떠올리며 마음이 상하여 집으로 돌아왔다. 그리고 고뇌의 표현이니 한 나의 말이 석공의 마음을 상하게 했음을 깨달았다. 예술성이니 혼의 울림이니 하며 사색하고 창조하는 예술가들을 냉소하며 망치질만 하고 있는 석공들, 그들의 잿빛 삶의 무게를 짐작해보기도 했다.

'나의 재산은 친척에게, 나의 육신은 땅에게, 나의 영혼은 하느님에게'라는 유언과 함께 불멸의 작품을 모든 인류에게 남기고 간 미켈란젤로의 생애도 생각하였다. 스스로 고독의 성을 높이 쌓고 팔십 평생을 혼자 살면서 고뇌에 찬 인간상들을 창조해낸 미켈란젤로, 그래서 그의 조각에는 사색과 철학은 있어도 인간에 대한 애정이 없다고 한다.

어느 날 석공들이 모습을 감추었다. 부도가 났다는 것이다. 밑천이 넉넉하지 못한 주인이 좋은 돌만 탐을 내어 실어나르더니 그만 몽땅 망해버렸다고 사람들이 말했다. 작업장에는 석공들의 손때가 묻은 망치며 장갑 같은 것이 버려져 있다.

풀들도 군데군데 솟아 있다.

몰려온 빚쟁이들은 석수장이가 탐을 내어 실어온 돌을 깔고 앉기도 하고 또 발로 차면서 석수장이의 행방을 찾아내는 지혜를 짜내고 있다.

필시 석수장이 남자는 붙잡힐 것이고 부채를 갚을 때까지 채권자들이 씌워준 멍에를 목에 걸고 돌에 매달려 살아갈 것이다. 그의 귀신 같은 돌의 새김질은 결코 끝나지 않을 것이며 그가 돌에서 풀려나는 날은 그의 힘이 모두 쇠진해지는 때가 아닐까.

저녁 햇살이 내리는 작업장에는 몽땅 망해버린 석공의 아픈 상처처럼 깨어진 돌들만이 잿빛 우울을 뒤집어쓰고 있다.

산골 아이

초등학교 삼학년이 되자 다시 산골학교로 전학을 갔다. 그리고 점점 산골 아이를 닮아갔다. 아이들을 따라 산에도 가고, 들에도 가고 냇가에도 갔었다. 보리밟기도 하였다. 파릇파릇 돋아나는 보리를 왜 밟는지 이유를 알 수 없었지만 동무들과 손을 잡고 보리밭 이랑을 따라 우우 걸어가는 것이 매우 재미가 있었다. 먼 곳에서 불어오는 들바람을 마셔대며 앞으로, 앞으로 나아갔다. 들바람은 마침내 나의 목 안까지 침범해 와서 편도선이 빨갛게 부어오르기도 하고 신열이 나기도 하였다.

하루는 아이들이 삼나무를 벗기러 간다고 했다. 나도 그 일을 해보고 싶었다. 갖고 있던 색종이 두 장씩을 주고 그들 틈에 끼었다. 삼나무를 찌는 일은 산 밑에 있는 물가에서였다. 삼밭에서 베어온 삼단을 긴 통에 포개어 놓고 불을 때면 김이 무럭 무럭 솟아올랐다. 열기가 식으면 한 단씩 받아와서 껍질을 벗기었다. 어른들은 삼 껍질을 벗기면서 "삼밭에 갔다 왔나. 왜 그리 어리부리 하노." 하며 농을 하기도 하고 "태산 같은 길쌈을 언제 다 할꼬." 하고 한숨을 쉬기도 하였다.

삼 껍질을 벗기고 있는 나의 눈앞에 어머니의 화난 얼굴이 자꾸 떠올랐다. 문득 아버지의 직장을 따라 이 학교 저 학교로 전학을 다니는 신세가 아니고 한곳에만 살고 있는 농부의 딸이었으면, 하는 생각이 들었다. 마음대로 산과 들을 뛰어다니는 산골 아이들의 삶이 부러웠다.

저녁때가 되어 품삯을 받아 집으로 돌아왔다. 내가 받은 품삯은 제릅데기(껍질을 벗긴 하얀 삼나무줄기) 한 단이었다. 그때 나는 하도 몸이 야위어서 동무들은 나를 보고 제릅데기 같다고 놀리었다. 그 제릅데기 한 단을 질질 끌며 집으로 왔다. 어머니는 어처구니가 없는 듯 꾸중을 하는 대신 "제발 아프지만 말아라." 하시었다.

학교 옆에 있는 교장 관사에서는 학교에서 울리는 종소리가 들리었다. 교무실 창밖에 매단 놋쇠 종이 댕그랑 댕그랑 소리를 내었고 우리는 종소리를 따라 모이기도 하고 흩어지기도 하였다.

아침이 되면 산과 들과 강을 건너온 아이들의 소리가 담 너머에서 들려왔다. 나도 빨리 그들 속에 끼고 싶었다. 그러나 어머니는 "감기 들라. 준비종이 울리면 가거라." 하시었다. 그리고 손수 만든 옷을 입혀주셨다. 그 옷은 산골 아이들의 옷과 너무 달랐다. 그런 옷이 싫었다. 힐끔힐끔 쳐다보는 산골 아이들 앞에서 나는 자랑스럽기는커녕 자주자주 기가 죽었다.

소풍을 갈 때도 괴로웠다. 어머니는 김밥이 든 도시락 가방과 수통을 어깨에 메어주셨다. 수통에 매달린 물컵이 걸을 때마다 달랑달랑 소리를 내었다. 전쟁터에 나가는 군인처럼 그런 모습을 하고 나타나면 아이들이 일제히 나를 쳐다보았다. 가방을 벗어던지고 싶었다. 삼베보자기에 둘둘 말아 싼 도시락을 허리에 질끈 두르고 있는 산골 아이들의 차림을 나도 하고 싶었다. 나 혼자만 바싹바싹 과자를 먹는 대신 아이들이 갖고 온 삶은 가재며 보리개떡을 함께 먹고 싶었다.

그때 어머니는 왜 나를 산골 아이들과 다르게 키우려고 했을까. 이질적인 옷차림이 나에게 얼마나 큰 고통인가를 왜 모르셨을까. 지금도 나는 함께 섞인다 하는 말을 좋아한다. 어떤 사람은 이런 나를 보고 용기가 없기 때문에, 혹은 자신감이 없기 때문에 무리 속에 숨기를 좋아한다고 말한다. 그러나 나는 나의 용기 없음을 한 번도 한탄한 적이 없다. 진정한 행복은 평범함 속에 있음을 산골 생활에서 일찍이 깨달았기 때문이다.

그렇다. 내 어린 날의 소풍, 그날의 기쁨은 산골 아이들과 다른 옷을 입고 다른 신발을 신고 다른 음식을 먹는 것 속에 있었던 것이 아니고 나의 김밥과 바꾸어 먹은 보리밥이며 산나물이며 들나물의 맛 속에 있었던 것이다. 산골 아이들과 함께 꺾어 먹은 찔레 순이며 함께 캐어먹은 올비며 모미삭의 맛 속에 있었던 것이다. 나의 운동화와 바꾸어 신은 검정 고무신으로 첨벙첨벙 물속에 뛰어들던 그런 자유로움 속에 있었던 것이다. 우리가 함께 우물거렸던 송진 껌에서는 소나무 향기가 났었다.

그날, 우리는 해가 지는 언덕길을 서로 어깨동무를 하고 '동무, 동무 어깨동무, 동무 찾아 천리 간다.' 하는 동요를 소리소리 불러대며 뛰고 굴리고 춤추며 돌아왔다.

단청 밑에서

산속에 있는 절을 구경하고 오는 길이었다. 갑자기 소나기를 만났다. 자동차가 서 있는 장소까지는 거리가 멀다. 비를 피하기 위해 길가에 있는 비각 밑으로 들어섰다. 이미 다른 사람들도 비를 피해 들어와 있었다.

비각의 내부는 의외로 단청이 곱게 채색되어 있다. 좁은 공간 속에 서 있는 비석이 보인다. 옆에 있던 노인이 "오래된 열녀비요. 가문의 자랑이요." 하며 묻지도 않는데 말을 한다. 그러면서 문중에서 돈을 모으면 무너진 담장도 다시 견고하게 수리할 것이라고 했다. 낡고 오래된 열녀비의 비각도 돈을 모아 단청을 새로 한 것이 분명하다.

팽나무 한 그루가 비각 옆에 서 있다. 나무의 모습이 크고 늠름하다. 팽나무 열매는 새가 쪼아 먹는다고 한다. 그렇다면 팽나무는 열녀비 곁에 붙어 서서 정처 없는 새들에게 공양을 하고 있는 셈이다. 무너진 담 사이로 바람이 들어온다. 어느 쪽에서 불어오는지 알 수 없는 자유로운 바람이다.

비가 그쳤다. 햇빛이 비친다. 고개를 들어 단청을 본다. 색채가 얼마나 강렬한지 눈이 부신다. 단청의 무늬는 물, 황토, 하늘 등의 빛깔을 머금고 있다. 그것들은 피어있는 연꽃같기도 하고 원색의 파도가 구름 떼처럼 몰려오는 것 같기도 하다.

화려한 단청은 추녀 끝에 매달려 열녀의 넋을 장식하고 있는가. 연지 곤지 찍고 시집가는 새색시 얼굴처럼 그렇게 호사스럽게 피어나고 있는가. 그러나 현란한 단청에 짓눌리듯 서 있는 열녀비는 아무런 표현이 없다.

작은 새 한 마리가 훨훨 날아간다. 이리저리 제멋대로 방향을 바꾸며 멀리멀리 가고 있다. 자유롭고 분방하다. 문득 비각의 담장을 다시 단단하게 수리하겠다는 노인의 말이 생각난다. 젊은 열녀의 넋은 얼마나 오래, 또 견고하게 갇혀 있어야 할 것인가. 차라리 피폐해진 그대로 무너져버려 갇혀있던 모든 것이 자유롭게 풀려났으면 좋겠다. 푸른 단청은 청청한 물이 되고 붉은 단청은 노을이 되어 세상 밖으로 훨훨 떠나갔으면 좋겠다.

이윽고 우리도 단청 밑을 떠났다. 비각 안에 갇혀있는 열녀비, 그 비석의 의미를 애써 지워버리듯 훌훌 먼지를 털고 열녀비 곁을 벗어났다.

길가에 찔레꽃이 만발하다. 나비 한 쌍이 서로 희롱을 하며 노란 배추꽃 위에 앉는다. 지저귀는 새소리가 들린다. 짝을 지은 종달새 두 마리가 하늘로 솟구쳐 오르더니 다시 내려와 보리밭 이랑으로 숨어버린다.

남편을 따라 죽은 젊은 열녀가 이 세상에서 누리지 못했던 모습들이다. 문득 열녀비의 단청무늬는 이런 내용으로 그려졌으면 어울리겠다는 생각을 한다.

불을 밝힌 청사초롱, 비단 금침에 수놓인 봉황새. 꽃 위에 쌍쌍이 날아드는 나비 떼, 번성한 자손처럼 주렁주렁 매달린 열매들, 이런 그림으로 채워졌으면 좋겠다는 생각이 든다.

열녀비 비각을 다시 돌아본다. 멀리서 보니 팽나무와 비각이 포개어져 있는 것처럼 보인다. 아무래도 팽나무와 열녀비는 서로 사랑을 하고 있는 것 같다. 마음이 조금 가벼워진다.

언젠가 다시 비각 옆을 지나갈 기회가 있다면 열녀비와 나란히 서서 사진 한 장을 찍고 싶다. 나는 그 사진을 남자들은 제쳐두고 여자들에게만 보이며 열녀의 이야기를 해볼 작정이다. 이유는 열녀비의 의미가 세상 여자들에게 어떤 평가를 받고 있는지 그 진실을 알아보고 싶기 때문이다.

돌미나리를 찾아서

담 밑에서 자라고 있던 돌미나리가 없어져버렸다. 나무를 옮겨주던 인부들의 삽질에 밀려 파괴되어 버린 것이다. 시키지도 않은 일을 한 인부에게 화를 내기도 했으나 쓰레기더미에 함께 휩쓸려버린 돌미나리는 찾을 길이 없다.

사라져버린 돌미나리를 떠올릴 때마다 나는 속이 상하였고 돌미나리가 우리 집에 처음 뿌리를 내리던 때가 생각나곤 하였다.

몇 년 전, 어느 늦은 봄날. 시외버스 정류장 옆에 있는 시장에 갔을 때 어떤 촌부가 캐다 팔고 있는 것을 사다가 심었었다.

돌미나리는 뿌리째 뽑히어 와서 헝클어진 채로 보자기 위에 널려 있었다. 한 노인이 "돌미나리다." 하며 앞에 다가앉았다. 나도 "토종 미나리다." 하고 주저앉았다. 돌미나리는 볼품이 없었다. 그러나 노인은 그리운 듯 빈약한 돌미나리를 보고 있었다. 어쩌면 노인은 돌미나리가 자라고 있던 옛 고향의 맑은 실개천과 돌미나리를 캐고 있던 어머니의 가난한 모습을 찾아내고 있었던 것이 아니었을까. 그날 나는 돌미나리를 돈을 주고 사면서 장사꾼 여자의 조약돌 같은 모습이 꼭 돌콩 같다는 느낌을 받았다.

돌콩, 돌배나무, 돌탱자, 돌감나무 등, 이런 것들은 산자락이나 들판 끝에서 혼자 살고 있는 외로운 나무들이다. 이런 토종의 생명들은 이제 세상에서 점점 잊혀져가고 있는 존재들이다.

그 후, 시장에 갈 때마다 돌콩 같은 여자를 종종 만났었다. 펼쳐 놓은 보자기 위에는 구부러진 자주색 가지며 오이가 널려 있기도 하였다. 그가 농사지은 것들은 모두 작고 때깔이 없었다. 어쩌면 그 여자는 농사짓는 방법이 서툰 것이 아니고 연약한 식물에게 독한 농약을 뿜어댈 용기가 없었는지도 모르겠다.

한 번은 참비름을 갖고 와서 팔고 있었다. 어릴 적에 참비름, 쇠비름 하며 풀을 갖고 놀던 생각이 나서 비름나물을 사왔다. 반찬을 만들어 식탁에 올렸다. 그러나 가족들은 길가에서 흔히 보던 풀이다 하며 아무도 먹지 않았다. 혼자만 뜨거운 밥 위에 참비름 나물을 얹고 비벼 먹었다. 그런 나의 모습이 돌미나리를 팔고 있던 촌 여자처럼 보이리라 하며 혼자 웃었다.

겨울이 오자 돌콩 같은 여자는 시장에 나오지 않았다. 다음해 봄이 와도 그는 나타나지 않았다. 그 여자한테서 사다가 심은 돌미나리의 푸른 잎을 볼 때마다 나는 돌콩 같은 촌여자를 생각했고 집에 오는 사람들을 돌미나리 곁으로 데리고 가서 "이것이 돌미나리다." 하며 보여주곤 하였다. 그러나 아무도 돌미나리를 보고 감탄하지 않았었다. 그 돌미나리밭이 집에서 그만 사라지고 만 것이다. 돌콩 같은 촌부도 눈앞에서 떠나갔다.

누군가가 시골에 가면 돌미나리를 직접 캘 수 있다고 했다. 즉시 농촌으로 달려갔다. 가야산 쪽을 향해 가며 '돌미나리를 찾아서' 이런 노래라도 한 번 불러보고 싶었다. 산 밑 개천가에 차를 세웠다. 개울을 거슬러 올라갔다. 내다버린 비닐봉지만이 눈에 뜨일 뿐 청정한 돌미나리는 보이지 않았다. 이번에는 논두렁에 올라섰다. 두렁 밑 습지에 돌미나리가 있을 것 같기도 하였다. 그러나 비닐하우스 농사 때문인지 흙은 물기 없이 푸석거리기만 하였다.

어디서 졸졸 물소리가 났다. 물소리를 따라갔다. 물소리가 끝나는 곳에 웅덩이가 있고 고여 있는 물은 이미 폐수廢水가 되어 있었다. 흘러들어온 맑은 물도 썩은 물에 합류되어 죽어가고 있었다. 돌미나리는 아무 데도 없었다. 돌미나리를 단념하고 밭두렁 위에 주저앉았다.

내가 굳이 돌미나리를 찾아헤매는 것은, 또 그것을 집에 심으려고 하는 것은 세상의 온갖 것에 길들여지거나 변형되지 않은 모습, 그 순수를 곁에 두고 보고 싶기 때문이다. 나의 삶 결을 언뜻언뜻 스치고 지나간 볼품없는 존재들, 그러나 무언가를 지키고 있는 그 의지를 바라보고 싶었기 때문이다.

돌미나리를 찾아다닐 힘도, 지혜도 갖지 못한 나는 촌여자가 나타나기를 기다린다. 그가 펼쳐놓은 광목 보자기 위에서 쇠비름, 참비름, 삐뿌쟁이 같은 아무도 거들떠보지 않는 힘없는 존재들을 만나고 싶다. 돌콩 같은 여자의 손에서 돌미나리 한 움큼 다시 건네받을 수 있다면 우리 집 마당에 손바닥만한 돌미나리 밭 한 뙈기를 또 이루고 싶다. 돌미나리 옆에 돌감나무 한 그루도 심고 싶다.

겨울냄새

해마다 겨울이 되면 보약을 달인다. 그날도 가족들의 약재를 받아 돌아오는 길에 그림 구경이나 할까 하여 화랑에 들렀다. 마침 C화백의 회고전이 열리고 있었다. 사군자며 화조며 산수화가 담담하게 꾸며져 전시되고 있었다.

열두 폭의 병풍 앞에서 힘찬 필력과 희미한 낙관을 보고 젊은 시절의 작품일지도 모른다는 생각을 하고 있는데 K여사가 한복차림으로 다가오셨다. 그분은 나의 약 보자기를 보고 집안에 아픈 사람이 있느냐고 물었다. 가족의 보약이라고 했더니 "아, 좋은 냄새가 나겠군. 병든 이가 없는 집안에 퍼지는 겨울 탕약 달이는 냄새는 참 편안하고 좋은 것이거든." 하셨다.

나는 산신령 같은 약방 노인이 가르쳐준 약초들의 이름과 나의 재력으로는 도저히 탐할 수 없는 열두 폭 병풍을 내내 생각하며 걸어왔다.

그날 밤이었다. 밤중에 깨어 난로 위에서 끓고 있는 약탕기를 보고 있다가 바깥이 하도 환해서 눈이라도 오시는가 하며 창문을 열었다. 밖에는 눈발대신 달빛이 쏟아지고 있었다. 달빛 때문에 드러난 나무 그림자가 바람에 흔들리고 있었다. 환한 담벼락에 선과 점을 이루고 있는 나무의 그림자는, 낮에 본 동양화의 수묵水墨과 같았다.

봄, 여름, 가을의 현란하고 풍요했던 계절의 흔적이 조금도 남아 있지 않는 깊은 겨울 밤, 그리고 달빛, 너무나 충일하여 열망이나 감격조차도 비집고 들어갈 수 없는 밤의 고요 속에 약초의 뿌리며 열매들이 어울려 뿜어내는 탕약냄새는 바로 산과 수풀의 냄새이다. 겨울의 냄새이다.

흔히 동양화는 선이며 서양화는 색채라고 한다. 지난 날, "벼룻돌에 먹을 가는 것도 하나의 좌선座禪이어든, 그래서 묵화는 인認이며 도道이지." 하시며 조부님은 점 하나, 선 하나에까지 조심성 있게 붓을 쥐시었다. 그 때마다 나는 동양화는 삶의 길목을 다 지나온 노인들의 그림이거니 하며 서양화의 자유로운 표현을 더 좋아하였다.

그러나 찬란한 색채와 분방한 구도를 찾아다니던 젊은 날은 쉬이 지나가 버렸다. 어느 봄날의 해질녘, 나뭇가지에 걸어두고 온 꽃자주 저고리, 여름날의 습기와 뇌우 속으로 사라져간 미완未完의 그림들, 청명한 가을날, 오수午睡의 시간에 읽다가 접어둔 책 속의 글귀들, 모두 어디 갔을까.

이제 나는 자극적인 유화 냄새보다는 묵향이 번진 담담한 수묵화를 오래 들여다보는 나이가 되었다. 손쉬운 영양제보다는 겨울이면 옹기약탕기로 탕약을 달이고 삼베오라기를 찾아내어 달인 약을 약수건으로 짜고 있다. 이런 나의 변한 모습은 피곤한 연륜의 표시일까. 아니면 심경의 동요는 먹으로 다스리고 휘영청 너울대는 감성은 선線으로 흘러내리고 분주한 배경은 마침내 흰 여백으로 물러앉는 동양화의 운치처럼 그렇게 나도 삶을 가꾸고 싶은 새로운 욕심이 일어난 때문일까.

진정 심산 약초를 달여 마시어 그 약효가 나의 혈관 속으로 맥맥이 흘러, 어떠한 바람소리에도 선이 흐트러지지 않고 애환의 감정은 흰 여백으로 승화시키며 그렇게 삶의 길목을 지나갔으면 좋겠다. 그래서 정情과 정精과 정靜을 멋으로 거느린 여인으로 살아갔으면 좋겠다. 그윽한 겨울냄새를 풍기며 끝날까지 갔으면 좋겠다.

또또의 자유

동쪽 석류나무 밑에 또또의 집이 있다. 또또는 우리 집 개의 이름이다. 또또가 며칠 전부터 잘 먹지도 않고 집 안에만 웅크리고 있다.

처음에는 음식의 맛 때문에 그러는 줄 알고 "개 팔자에 음식 투정을 하다니." 하며 본체만체하였다. 그래도 굶고 있는 모습이 측은하여 음식을 새로 만들어 턱밑에 디밀기도 하고 다가가서 이름을 다정하게 불러보기도 하였다. 부시시 털고 일어서는 또또의 몸은 매우 야위어 있었다.

컹컹 잘도 짖어대던 것이 힘이 없는 탓인지 짖지도 않는다. 낯선 사람을 보아도 가만히 있고 도둑고양이가 얼씬거려도 멀거니 보고만 있다.

개를 데리고 동물 병원에 가야겠다는 생각은 했지만 실행에 옮기지는 못하였다. 동물의 아픔에 함께 아파하는 그런 자비로운 마음이 우리에게 없었기 때문일 것이다. 그런데 언제부터인가 개밥 그릇이 깨끗하게 비워져 있음을 알았다. 우리는 또또가 병이 나아서 입맛이 돌아왔구나 하며 안심을 하였다. 하지만 또또는 여전히 개집 안에만 들어앉아 있었다.

어느 날 저녁, 손님이 왔다. 손님을 맞이하러 대문으로 나가면서 개집 쪽을 쳐다보았다. 그때 인기척에 놀라 달아나는 고양이가 있었다. 개밥 그릇에 붙어있던 고양이가 순식간에 담을 타고 도망을 갔다. 그 동안 개의 음식이 없어진 것은 또또가 먹은 것이 아니고 도둑고양이가 훔쳐먹은 것이 분명했다. 제 밥그릇도 지키지 못하는 또또가 딱하고 불쌍하였다.

손님에게 앓고 있는 개의 이야기를 했더니 목을 관찰해보라고 말했다. 어린 새끼였을 때 매어준 목줄이 개가 커짐에 따라 목을 조이게 할 수 있다는 것이었다. 손님을 배웅한 후, 회중전등을 들고 개의 목을 살펴보았다. 손님의 말이 맞았다. 목이 조여 상처까지 나 있었다. 폭신한 털에 덮여 눈에 뜨이지 않았던 것이다. 즉시 목의 사슬과 기둥에 매여 있는 쇠줄을 풀어주었다. 나는 사슬을 풀어주며 "또또야 정말 미안하다." 하고 인간인 우리의 잘못을 동물인 개에게 빌었다.

사슬이 풀린 또또는 길길이 뛰면서 마당을 몇 바퀴나 돌았다. 밤하늘에 떠있는 달을 보고 뛰기도 하고 어둠 속에 서 있는 우리를 향해 꼬리를 흔들며 달려오기도 하였다. 구속에서 풀려난 자유를 한없이 기뻐하는 것 같았다.

목의 상처가 아문 또또는 소리를 내어 짖기 시작했다. 나뭇가지에 내려앉는 까치를 향해 짖기도 하고 전깃줄에 앉아있는 참새 떼를 향해 짖어대기도 한다. 마치 다시 회복한 목소리로 눈에 뜨이는 생명들에게 인사를 하는 것 같았다. 그런데 고민이 생겼다. 따로 살고 있는 어린 손자가 우리 집에 오지 않으려고 하는 것이다. 아이를 향해 반갑다고 달려드는 개가 무섭다는 것이다. 집에 오는 사람들도 개를 보고 겁을 내었다.

우리는 지금, 개를 다시 묶어 두느냐, 그대로 두느냐 의논을 하고 있다. 귀여운 손자 손녀를 자주 보기 위해서는 개를 묶어야 된다는 생각을 한다. 그러나 사슬에 매여 있는 또또를 보는 것도 마음이 편하지 않을 것 같다. 자유를 되찾은 생명에게 다시 구속의 올가미를 씌울 권리가 인간에게 과연 있는지 의문도 든다.

방법은 세 가지가 있다. 마음대로 자유를 누리도록 그대로 두든지 아니면 다시 쇠사슬에 묶어 사슬의 길이만큼의 자유를 주면서 생존에 필요한 음식만 제공하든지 또 아니면 또또를 다른 사람에게 주어버려 개의 삶이 어떻게 되든지 모른 체하는 일이다.

우리는 지금 세 가지 방법 중 아무것도 결정을 못하고 있다. 제멋대로 설쳐대는 또또, 그 동물의 자유를 바라만 보고 있다.

빈 밭에서

닷새 동안의 여행을 끝내고 집으로 돌아가는 길이다. 여행의 피로 때문인지 쉬어 가고 싶은 마음이 들었다. 요사인 자주 쉬고 싶다는 생각이 든다. 잔잔하게 흐르는 강물을 볼 때도, 푸른 풀밭 옆을 지날 때도 거기 편안하게 앉아 하염없이 쉬고 싶은 마음이 간절하다.

목적지도 없이 훌쩍 집을 떠난 이번 여행길도 일상의 얽매임에서 풀려나고 싶은 심정, 짐을 벗어버린 길손처럼 이리저리 다니고 싶은 기분 때문인지도 모르겠다.

우리는 이번 여행길에서 정말 정처 없는 나그네처럼 이름 모를 동네 앞을 느릿느릿 지나가기도 하고, 농가의 토담에 기대듯 서서 굴뚝으로 연기가 오르는 것을 바라보기도 하고, 산정에 올라가 발 아래에 깔린 안개의 덩어리들을 유유히 내려다보기도 했었다. 그 유유함은 바로 세상살이에서 분리된 휴식의 시간이기도 하였다.

차창 밖으로 넓고 훤한 빈 밭이 보였다. 잘 생긴 느티나무 한 그루도 밭머리에 서 있다. 나무 주위에는 성장에 방해가 될 만한 것은 아무것도 없었다. 사방팔방으로 가지들을 뻗어가며 자라고 있다. 문득 아무 부대낌이 없이 자유로운 삶을 누리고 있는 느티나무 밑에 가서 여행의 마지막 휴식을 취하고 싶었다.

소지품을 차 안에 두고 빈손으로 밭에 내려섰다. 추수가 끝난 밭에는 사람들의 발자국이 남아 있다. 남자의 큰 발자국 옆에 여자의 작은 고무신 발자국이 따라 있다. 남자와 여자가 만나 혼인을 하고 함께 동행하면서 땅에 씨뿌리고 가꾸는 인간의 수고로움, 노동의 비애가 가슴에 와 닿는다.

나도 밭 위에 발자국을 남기며 나무 밑으로 갔다. 빈 밭을 살펴보았다. 본래가 수수밭인 듯 마른 수숫대 몇 개가 서 있고 뿌리 같은 것이 땅 속에 묻혀 있다. 땅에 남아 있는 발자국들은 필시 이 밭을 경영하는 농부들의 것일 게다. 씨를 뿌리면서 밭이랑을 따라가고 또 익은 곡식을 거두기 위해 밭이랑을 따라왔을 것이다. 그리고 수확한 곡식 단을 안고 기뻐하며 밭을 떠났을 것이다.

이제 모든 생명이 거두어진 지금, 깊은 적요만이 남아 있을 뿐 밭에는 아무것도 없다. 지니고 있던 것 전부를 다 내어주고 빈 모습 그대로 있다. 마치 가득히 채워졌던 물을 다 쏟아 버린 비어 있는 그릇과 같았다.

이 밭의 전성기는 언제였을까. 땅에 묻힌 씨앗이 새 생명으로 소생하던 환희로운 봄날이었을까. 아니면 여름 열기에 도도하게 맞서던 푸르름의 때였을까. 또 아니면 익은 열매가 거두어질 날을 겸허하게 기다리고 있던 황혼의 때, 그 가을날이었을까. 거둠의 의미는 생명의 소멸을 뜻하기도 한다.

머지않아 겨울이 오면 눈 내림이 시작될 것이고, 흰 눈 내림은 밭이랑에 남아 있는 사람의 발자국도 모두 덮어 버릴 것이다. 내가 남겨 놓은 발자국도 눈 속에 파묻힐 것이다. 빈 밭의 진정한 휴식은 이때가 아닐까.

밭에 퍼질러 앉아 우리가 지나온 산천도 바라보고 들길을 지나가는 사람도 보고 밭 위를 횡단하는 새 떼도 본다. 흘러가는 물소리도 듣는다. 이 한가함, 이 고요함, 이 여유로움, 나도 곧 빈 밭과 같은 허허로운 마음이 된다.

자동차 소리가 들린다. 질주하는 차 소리가 정적을 깨뜨린다. 그러고 보니 우리도 갈 길이 많이 남아 있다. 빈 밭을 떠날 시간이 되었다.

떠날 채비를 하던 나는 문득 여기에 머물었음을 기념하기 위하여 무언가를 챙기고 싶은 욕심이 일어났다. 넓은 밭을 헤매다니며 나의 거처로 갖고 갈 것을 찾았다. 드디어 땅 속에 뿌리를 묻고 있는 구절초며 가을 풀 몇 개를 뽑아 들었다.

산 쪽에서 바람이 불어왔다. 점점 거세지더니 밭 위에서 맴을 돈다. 땅 위의 흙들도 낱낱이 일어선 듯 황토빛 회오리가 되어 땅을 휩쓴다. 나는 회오리 속에 묻혀 정신을 차릴 수가 없었다. 드디어 그 세력들은 느티나무 쪽으로 몰려가더니 나무의 끝가지들을 쏴쏴 흔들어대었다.

바람의 소용돌이 때문에 손에 쥐고 있던 가을 풀들이 볼품없게 되었다. 그만 던져버렸다. 덕지덕지 남아 있는 나의 욕심 때문에 여린 생명들은 순식간에 죽은 존재가 되고 말았다. 나는 언제쯤이면 텅 빈 밭의 마음, 그런 마음의 소유자가 될 것인가.

옷에 묻어 있는 흙을 땅 위에 털어 내렸다. 흙은 가만히 밭에 내려앉는다. 자동차에 올랐다. 차창 밖으로 나무와 빈 밭이 따라오고 있다. 그러나 언제까지 빈 밭의 모습이, 빈 밭의 정신이, 나를 따라올 것인지 알 수가 없다.

무지개

폭우에 넘어진 꽃나무를 일으켜세우던 중이었다. 몸을 구부린 탓인가 갑자기 허리에 통증이 일어났다. 호미를 던지고 대추나무를 붙들었다. 나무가 받침목이 되어 몸을 지탱시켜 주었다. 대추나무의 약효가 내게 전해진 때문인가 통증이 가라앉는다.

다시 꽃밭으로 들어섰다. 이번에는 몸을 구부리는 대신 꽃나무 사이에 주저앉아 그들의 상처받은 뿌리며 줄기를 바로 세워 주었다. 고개를 숙였다 들었다 하는 눈앞에 갑자기 한 다발의 찬란한 색채가 확 들어왔다. 무지개였다. 동쪽 하늘에 무지개가 걸려 있다.

"무지개가 떴네, 무지개를 봐라." 이런 소리가 절로 나왔다. 그러나 지금 곁에는 아무도 없다.

어떤 사람이 생각났다. 그는 지금 중병을 앓고 있다. 급히 집안으로 들어가 전화기를 들었다. "무지개를 보셔요, 빨리 일어나 무지개를 보셔요." 하고 소리쳤다. 다시 마당으로 내려온 나는 무지개를 더 잘 보기 위해 언덕 위에도 가고 작은 바위 위에도 올라섰다. 무지개는 차츰 빛을 잃어가더니, 마침내 흔적이 없어지고 다시 허허한 하늘이 되었다.

전화벨이 울렸다. 앓고 있는 그에게서였다. 그는 "무지개를 못 보았어. 무지개를 보려고 이층으로 올라갔지만 무지개는 사라지고 없었어." 했다. 그는 필시 동쪽 하늘이 잘 보이는 이층 베란다로 올라갔을 것이다. 난간을 붙들고 천천히 계단을 오르다가 숨이 차서 층계의 중간쯤에서 주저앉았을 것이다. 그러는 사이에 무지개는 그만 사라지고 만 것이 아닐까. 마음이 아팠다. 지난날의 그는 적극적이고 활력이 넘쳤다. 하지만 이제는 하늘에 떠있는 무지개도 놓쳐버리는 병든 몸이 되고 말았다.

"무지개는 본래 빨리 스러지는 것이지요. 눈앞에 꿈처럼 솟았다가 또 꿈처럼 사라지는 것이지요. 꿈 같은 무지개를 붙들기 위해 사람들은 허둥대며 살아가지요." 그러나 이 말을 그에게 할 수 없다.

내가 최초로 무지개를 본 기억은 어린 날의 남강 가에서였다. 그때 할아버지의 손을 잡고 여름비로 강물이 불어난 것을 구경하고 있었다. 갑자기 한 소년이 "무지개 떴다. 무지개 봐라." 하며 강둑을 뛰어다녔다. 현란한 무지개는 노한 강물과 사람들을 굽어보듯 하며 대숲 위에 걸려 있었다.

또 생각이 난다. 젊은 시절의 어느 해, 고향의 기차역 앞에 서였다. 그날 나는 방학이 끝나고 타관에 있는 학교로 돌아가는 길이었다. 사람들 사이에 묻혀 열차를 향해 걸어가고 있을 때, 그때 하늘에 떠 있던 환상의 무지개, 그 무지개는 나의 출발을 위한 축복 같았다.

언젠가 또, 혼인을 하고 시댁의 새 질서에 적응이 힘들던 시절, 어느 날 마당에서 빨래를 널다가 문득 바라본 무지개, 흰 빨래 사이로 어른거리던 찬란한 무지개, 왈칵 눈물이 솟아올랐다.

마지막으로 무지개를 본 것은 몇 년 전, 집을 수리할 때였다. 비는 그쳤으나 다시 장마가 올 것이라는 예보 때문에 서둘러 집을 고치고 있었다. 그때 지붕 위에서 긴 장대를 들고 일을 하고 있던 인부가 갑자기 "무지개다." 하고 고함을 질렀다.

언제나 술에 취하여 있는 것 같은 인부는 그날도 취기가 있는 듯 "무지개를 잡으러 가자." 하고 떠들어대었다. 군데군데 칠이 묻어 있는 옷으로 무지개를 향해 돌진해 가듯 하는 남자, 어쩌면 그는 손에 든 장대로 허망한 무지개를 쫓아가며 인생을 살아온 것이 아닐까. 그것이 한이 되어 시도 때도 없이 술을 마셔대는 것이 아닐까.

오늘 하늘에 잠시 솟았다가 사라져버린 무지개, 아름다운 무지개를 아무에게도 증명해 보일 수가 없다. 그 무지개를 증명해 줄 수 있는 것은 나의 몸을 지탱시켜 주던 대추나무와 나의 앉은키만큼 작은 꽃나무들밖에 없다.

언제인가 다시 무지개를 만날 수 있다면 그런 날은 이런 집과 집 사이의 좁은 공간이 아니고 넓은 벌판이나 물이 흘러가는 강둑이었으면 좋겠다. 그 이유는 들판 위에서, 또는 강가에서 온 힘을 다해 무지개를 쫓아가던 지난날의 뜀박질을 다시 한 번 해보고 싶기 때문이다.

3 부

흔적에 대하여

들길은 끝이 나고 산길로 접어들었다. 사람들이 모여 사는 마을의 모습도 눈앞에서 사라졌다. 나무를 흔들고 지나가는 바람소리와 물소리뿐 인적이 없는 산길은 호젓하기 짝이 없다.

지금 우리는 산 속에 있는 사찰을 구경하러 가는 길이다. 하늘에 둥둥 떠 있는 구름 떼와 구름 떼가 땅 위에 만들고 있는 그림자를 바라보며 산도라지꽃 옆도 지나고 돌배나무 곁도 지나갔다.

돌배나무 밑을 걸어갈 때는 탕탕 나무를 흔들기도 하고 산까치를 향해 깍깍 소리를 내기도 하였다. 내가 이런 행동을 하는 이유는 온 천지를 지배하고 있는 깊은 고요, 그 적요함을 휘저어 보고 싶었기 때문이다.

산길을 한참 올라가자 저만치 사람이 일구어 놓은 밭이 보인다. 긴 수숫대가 익은 열매를 달고 있다. 산비탈을 갈아 밭을 만들고, 씨앗을 뿌리고, 이런 일들 때문에 땅에 어른거렸을 사람들의 모습을 생각하니 적막함이 조금은 가셔진다.

작은 개울을 건너고 자갈길도 걸어 더 깊숙이 산 속으로 들어갔다. 출가를 결행한 스님들도 타박타박 이 길을 걸어갔을 것이다. 속세를 떠나는 길, 또 속세로 돌아올 수도 있는 이 산 속 길, 그러나 사람의 모습은 아무 데도 없다.

아픈 다리를 쉬기 위해 걸음을 멈추었다. 그때 가까이 있는 풀숲에서 무언가 반짝이고 있는 것이 보였다. 햇빛을 받아 빛을 내고 있는 물체의 정체가 궁금하였다. 그쪽으로 갔다.

밭 한 마지기쯤의 넓은 땅에 잡초가 우거져 있다. 황폐한 땅은 쓸모가 없는 폐허와도 같았다. 풀숲에 손바닥만한 사금파리 한 개가 버려져 있다. 반짝이던 물체는 바로 이 사금파리 조각이었다. 흔히 깨어진 사기그릇을 사금파리라고 한다. 사람이 음식을 담아 먹는 그릇 부서진 것이 어찌 산 속에 버려져 있을까. 의아한 생각이 든다. 그것을 보고 있던 남편이 "이 땅은 필시 사람이 살고 있었던 집터였을 것이다." 하고 말했다. 깨어진 그릇 조각이 그 흔적이라는 것이다. 하지만 이렇게 깊은 산 속에 집이 있었다는 사실이 믿어지지 않았다.

나는 사람이 살았음을 증명해 줄 다른 흔적을 찾아 땅을 살펴보았다. 펑퍼짐한 바위 한 개가 동쪽에 솟아 있고 곁에 감나무 한 그루도 서 있다. 산에서 흔히 보는 그런 돌감나무가 아니다. 어디선가 물소리가 들려온다. 물소리를 따라가니 개울로 내려가는 길이 있다. 그 길도 풀들로 뒤덮여 폐허의 한부분이 되어 있다.

깨어진 그릇 조각과 사람이 심어 놓은 것 같은 감나무, 그리고 개울로 가는 길, 이런 사실은 사람이 살았던 집터였음을 틀림없이 증명해주고 있다.

집이 서 있던 자리는 필시 햇살이 비치는 남향이었을 것이다. 남쪽을 향해 돌아섰다. 순간 깨어진 항아리 한 개가 또 보인다. 그리고 맨드라미며 넝쿨콩 줄기도 풀숲에서 고개를 내밀고 있다. 사람이 기거하던 집은 간 곳이 없는데 깨어진 그릇과 씨앗들이 집터를 지키고 있다.

깊은 산 속에 집을 지은 사람들의 사정과 또 떠나가버린 이유를 생각해 본다. 그리고 그들이 껴안고 있었을 한량없는 외로움, 그 절대적인 고독감과 결코 멈춤이 없는 바람소리와 물소리 등, 그 쓸쓸한 소리를 항시 담고 있었을 가슴도 느껴 본다.

나는 바위 위에 앉아 방, 부엌, 마루, 문, 댓돌, 굴뚝 등 이런 순서대로 상상의 집 한 채를 지어 나갔다. 흙벽을 뚫어 만든 봉창이며 별로 쓸모가 없을 것 같은 사립문도 만들어 보았다. 그리고 봄, 여름, 가을, 겨울이 순서대로 문전을 지나가는 것을 멀거니 보고 있었을 한 가족의 모습도 상상해 보았다.

이런 생각을 하고 있으니 마치 내가 그 집의 주인인 것 같은 생각이 들었다. 그런데 이상하게도 그런 삶이 쓸쓸하고 외로웠겠다는 생각보다 매우 평화로웠을 것 같은 마음이 들었다.

청산도 거느리고 흘러가는 물도 거느리고 세상을 바람처럼 날아다니는 씨앗들도 지배하며 살았을 그들의 삶이 우리보다 부자로 살았을 것 같은 느낌이 든다. 아무 얽매임도, 또 부대낌도 없이 살아간 그들의 생애가 한없이 자유로웠겠다는 생각이 든다.

떠날 채비를 하던 나는 맨드라미꽃 곁으로 가서 꽃씨를 받았다. 씨앗을 집터에 뿌렸다. 그리고 깨어진 사금파리 조각을 바위 위에 얹어 두었다. 이제 이 사금파리는 바위 위에서 햇빛을 받아 더욱 반짝일 것이다.

내가 이 사금파리를 바위 위에 높이 얹어 두는 이유는 지나가는 길손에게 이 폐허가 한때 사람이 살았던 집터였음을 더 잘 증명해 보이기 위해서이다. 그때 사람들은 "아, 여기 사람의 흔적이 남아 있네." 하며 깨어진 흔적 곁에서 물살같이 빠른 삶의 발걸음을 잠시 쉬어 갈지도 모르기 때문이다.

타관의 풀

며칠 전, 선이라는 여인이 집에 다녀갔다. 그는 소녀 시절에 나와 함께 살면서 아이들을 돌보아 주었었다.

어느 늦은 봄날, 고향의 친척이 그 아이를 내게 데리고 왔었다. 부모는 일찍 돌아가시고 언니와 일갓집에 얹혀살았는데 그만 언니가 행방을 감추었다는 것이었다. 우리 집에 처음 오던 날, 그는 몸에 맞지 않는 풀색 저고리와 흙이 묻은 고무신을 신고 있었다. 뻣뻣한 머리카락은 바람에 풀썩거렸고 얼굴에는 마른버짐이 군데군데 퍼져 있었다. 그의 모습은 길섶에서 혼자 자라고 있는 풀잎 같았다.

그때 남편은 근본도 모르는 아이를 집에 둘 수 없다 하였고 시어머니는 "돌에도 낡(나무)게도 붙일 데 없는 가련한 아이를 집에 두자." 하시었다.

선이는 어린 아이들을 참 따뜻하게 보살펴 주었다. 그리고 고향의 사투리를 그대로 사용하고 있는 말씨며 그가 들추어내는 지명들은 나를 고향의 길목으로 이끌어가곤 하였다. 우리는 또 고향에서만 생산되는 과일이며 생선들을 자주 들먹였고 향기로운 방아잎 같은 것을 팔고 있지 않는 이 도시의 시장을 흉을 보기도 하였다.

우리 집에 온 지 삼 년이 지났을 때 그의 언니가 찾아왔다. 언니는 이미 결혼을 하여 자리를 잡아 살고 있는 것 같았다. 잊었던 혈육을 만난 선이는 기뻐하며 언니를 따라나섰다. 언니가 살고 있는 곳은 고향 쪽이 아니고 엉뚱하게도 동해의 어느 어촌이었다. 선이는 한 번도 보지 못한 바다를 향해 떠나갔다.

선이를 보내고 난 후, 우리는 오랫동안 그의 이야기를 하였고 마루 끝이나 부엌문 뒤, 혹은 장독대 옆자리 같은 곳에 선이가 서 있는 것 같은 착각에 빠지기도 하였다. 하지만 나는 "아지매를 만나러 또 올 것이오." 하던 선이의 말을 차츰 잊어버렸고 풀포기 같았던 그의 몸매도 기억에서 사라져갔다.

그 선이가 이제 두 아이의 엄마가 되어 우리를 찾아왔다. 지금은 그의 몸 어느 구석에도 풀잎의 냄새는 없고 바닷바람에 바랜 해초의 냄새를 풍기고 있었다. 그는 바다에서 건져낸 미역을 한 보퉁이나 가지고 왔었다.

바닷가에 정이 드느냐고 하는 나의 물음에 "부모가 없는 나에게는 어디를 가도 모두 타관이지요." 하였다. 다음날 그는

"아지매는 늙지 않았으면 좋겠다." 하는 정겨운 말을 남기고 그의 집으로 돌아갔다.

다시 봄이 왔다. 마당에서 나무의 순이며 땅에서 솟아나오는 새싹을 보고 있었다. 그때 한 번도 보지 못했던 푸른 잎을 발견했다. 들깻잎같기도 하고 야생의 풀잎같기도 하였다. 며칠이 지나자 그것들이 무더기로 솟아났다. 문득 기억에 남아 있는 향기가 풀잎 끝에서 났다.

코끝에 대어 본다. 방아 향기이다. 방아 잎은 남쪽지방 사람들이 음식에 넣어 향기를 즐기는 것으로 이 고장에서는 자라지 않는 것으로 알고 있다. 본래 야성의 땅이었던 집터에 우리가 집을 짓기 이전부터 방아나무는 살고 있었던 것일까.

"나무, 나무 방아나무. 냄새 찾아 천리 간다." 어린 날, 우리는 이런 동요를 부르며 풀잎 찾기 놀이를 즐겨 했었다. 치마폭마다 꽃잎이며 풀잎을 수북이 따와서 눈을 감고 있는 상대방의 코끝에 대고 이름을 알아맞히게 하는 놀이였다.

오늘 문득 나의 코끝에서 그때 맡아본 봄미나리 냄새며 박하풀 냄새가 난다. 그 동안 타관의 물만 마시며 살고 있던 나의 코끝에서 방아잎 음식의 향기가 난다. 나무의 줄기며 순이며 뿌리가 머금고 있는 독특한 향기를 즐기시던 할머니 생각이 난다. 방아잎이 함께 어울린 풋고추지짐, 자반으로 만든 참 가죽 튀김의 냄새를 할머니는 참 좋아하셨다.

향기 있는 음식의 맛을 보실 때마다 객지에 나가 계시는 아버지를 두고 "타관살이하는 아들." 하며 그리워하셨고 타관에서 공부를 하던 내가 할머니 곁으로 돌아가면 "타관 밥이 독해서 살이 내렸다." 하시며 별미 같은 것을 만들어주셨다. 그때 먹은 음식에서 자주 방아잎 향기가 났었다.

오늘 나는 담 밑에서 솟아나는 방아잎을 보며 고향의 토질을 생각하고 넓은 바닷가에서 타관의 풀처럼 살고 있는 선이를 생각한다. "너희는 절대 타관으로 시집을 보내지 않을 것이다." 하시던 할머니의 말씀도 생각하고 내가 흘러보낸 타관살이의 긴 날들도 생각한다.

앞으로 나는 함께 살고 있는 방아나무를 가꾸고 보존하며 번성시킬 것이다. 다시 찾아올 선이를 기다릴 것이다. 그날 선이는 방아잎 향기가 들어있는 음식을 먹으며 타관살이의 외로움을 또 풀어낼지도 모른다. 그 말을 듣고 나는 "맞다. 맞다." 하고 맞장구를 치며 고개를 끄덕일지도 모르겠다.

방어진을 찾아서

"살구꽃이 다 지고 있네." 나는 올해도 이 말을 하며 살구나무 밑으로 갔다. 꽃 이파리들이 하늘하늘 땅에 떨어진다. 꽃봉오리가 매달리던 시기, 꽃이 구름 떼처럼 피어오르던 시기, 지금은 낙화의 시기이다. 꽃봉오리를 보고 "참, 예쁘다." 하던 때가 어제 같은데 벌써 낙화라니 봉오리에서부터 낙화까지의 길이가 너무 짧고 허망하다.

살구꽃 밑에 우두커니 서 있는 나를 보고 남편이 "내일쯤 봄 들판으로 나가 보자." 한다. 그러면서 마음속으로 '또 그 병이 도졌군.' 했을 것이다. 그 병이란 살구꽃이 필 때쯤이면 되풀이되는 나의 봄앓이 병을 말한다. 봄바람 속을 휘젓고 다녀야만 가라앉는 나의 병을 그는 이미 알고 있는 것이다.

들판에 나가서 만나는 것이 어찌 봄꽃들뿐이랴. 땅 밑에서 고물고물 솟아나는 봄풀도, 나무에 푸른 물이 오르는 모습도 본다. 그 중, 제일 후련한 것이 들판을 우우 달려오는 봄바람 소리이다. 봄바람은 머리카락을 흩날리고 치마폭도 펄럭인다. 팽팽한 바람의 힘은 드디어 나의 봄앓이 병을 잠재워 준다. 그런데 남편의 말이 오늘은 별로 달갑지 않다. 이유는 목적지도 없이 쏘다닐 힘, 그런 열정이 이제 없기 때문이다.

지도를 꺼내어 구체적인 계획을 세우기 시작했다. 지금까지 한 번도 가보지 않았던 곳, 꼭 가보고 싶었는데 기회를 놓쳐버린 곳, 그런 곳에 가고 싶었다. 드디어 찾아냈다. 그곳은 방어진, 방어진은 울산 옆에 있는 동해안의 어촌이다. 그렇다. 방어진은 지난날, 내가 스무 살 고개를 넘던 시절, 찾아갈 기회가 있었지만 가지 못하고 그만둔 곳이다.

그때 친구들과 방어진으로 스케치 여행을 가려고 했었다. 봄이었던가. 능금꽃도 보고 복사꽃도 보며 봄바다를 찾아가자고 했었다. 파스텔빛 화사한 봄날의 그림을 그리자고 했었다. 그런데 K는 갑작스런 어머니의 병고로, P는 연인과의 약속 때문에. 나는 문학의 밤, 행사로 계획이 허사가 되고 말았었다. 때를 놓쳐버린 우리는 곧 졸업을 하고 뿔뿔이 헤어졌다. 그 방어진이 갑자기 가보고 싶었다.

다음날 도시락을 싸들고 집을 나섰다. 경주를 통과하여 감은사 절터를 지날 때는 외로운 탑들 곁에서 사진을 찍었다. 남편은 두 탑을 배경으로 우뚝 서서 찍고 나는 탑 주변에 솟아

나는 봄풀을 어루만지는 시늉을 하면서 사진을 찍었었다.

방어진을 향해 차를 달렸다. 그런데 울산 가까이 갈 때까지도 방어진은 나타나지 않았다. 차를 세우고 노인에게 물어보았다. 노인은 "가는 길을 놓쳤군." 하며 다시 되돌아가라고 한다. 그리고 "방어진에 가보아도 옛날의 한적한 모습은 이제 없소." 하였다. '가는 길을 놓쳤군.' 하는 그의 말이 내 귀에는 '가는 기회를 놓쳤군.' 하는 것 같았다.

나는 옛날의 방어진을 알지 못한다. 다만 스무 살 적 그때 "아름다운 방어진을 찾아가자." 하던 친구의 말만 기억하고 있을 뿐이다. 금빛 모래밭에 밀려오는 파도, 아득한 수평선과 반짝이는 물결 등, 방어진에는 때가 묻지 않고 순수한 것, 아름답고 화사한 것만 있을 것 같았다.

되돌아오면서 다시 방어진을 찾았다. 그러나 아무리 보아도 높은 집들만 있을 뿐 방어진으로 가는 길은 보이지 않았다. 남편이 방어진을 포기하고 기림사 구경이나 가자고 한다. 나는 적막한 산사의 분위기가 싫었지만 그의 뜻에 따르기로 했다. 방어진을 단념하니 마음이 허전해진다. 먼 지난날 방어진행을 포기했던 그때도 이런 기분이 들었었다.

'사랑이 그대에게 어떻게 왔던가. 햇살처럼 왔던가. 기도처럼 왔던가.' 이것은 라이너 마리아 릴케의 시의 한 구절이다. 그때 릴케의 밤 행사에서 이 시를 낭송하는 일 때문에 나는 방어진행을 포기했었다. '알프스의 바람소리, 그는 죽었다. 아름다운 장미가시에 찔려서, 시인은 다른 아무것으로 죽지 않는 것.' 혹은 '시와 사랑과 고독과 죽음까지도 완성한 릴케여.' 이런 글을 읽고 또 쓰면서 스무 살 고개를 넘고 있었다. 릴케의 묘비에 새겨진 '오 아름다운 장미여, 순수한 모순이여.' 하는 묘비명처럼 순수와 모순을 함께 사랑하며 젊음의 고개를 넘고 있었던 것이다.

어느새 차는 기림사 가는 길로 접어들고 있다. 문득 깨닫는다. 나의 봄앓이 병이 쉽게 치유될 수 없을 것임을, 이유는 쓸쓸한 산사의 적요 속으로 들어가고 있는 지금, 어느 곳에도 내가 만나고 싶어했던 파스텔 색조의 화사함이며 또 순수가 없을 것 같기 때문이다.

동전 다섯 개

어느 일요일, 미사에 참례하러 성당에 갔을 때였다. 불구의 남자가 땅바닥에 앉아 구걸을 하고 있었다. 앞에는 동전 여남은 개가 담겨 있는 쭈그러진 그릇이 놓여 있다.

잘 차려입은 가족이 한 푼의 동전을 던져주고 지나간다. 작은 소녀가 동전 두 개를 그릇 안에 넣고 엄마 곁으로 쏜살같이 달려간다. 자가용이 수없이 들어가고 미사 시간에 늦을세라 바쁜 듯이 걸어가는 청년이며 아름답게 치장을 한 처녀들이 앞을 스쳐간다. 일어서지도 못하는 남자는 땅으로만 고개를 숙인 채 동전을 던져줄 때마다 사람들의 발을 향해 수없이 절을 하고 있다.

그때 나는 가련한 불구자에게 눈길조차 보내지 않는 사람들을 흉을 보며 호주머니를 뒤졌다. 깔깔한 새 지폐가 손끝에 집혀져 나왔다. 나는 종이돈을 도로 넣고 바깥 호주머니에서 동전 다섯 개를 찾아내었다. 그릇 안에 넣었다. 다섯 개의 동전은 각각 다른 소리를 내며 이미 모인 동전 사이에 끼어들었다. 순간 그가 감당하고 있는 고통을 생각하며 하느님의 자비를 구하였다. 그때 나의 마음은 베푸는 자의 여유로 차 있었다.

성당 안에서는 이미 미사가 시작되고 창문의 색유리를 통하여 햇빛이 사람들의 머리 위에도, 어깨 위에도 쏟아져내리고 있다. 우리는 미사의 순서에 따라 층계송을 바치려 일어섰다. "당신께 하소하는 가난한 이와 약하고 아쉬운 이를 불쌍히 여기시고……." 나는 긴 층계송을 천천히 봉송하였다. 화답의 소리는 넓은 실내를 채우고 또 넘쳤다.

문득 일어섰다 앉았다 하는 동작 때문에 나의 몸 어느 구석에선가 바스락거리는 소리가 들렸다. 종이소리 같았다. 이리저리 호주머니에 손을 넣어 보았다. 아까 안 호주머니에 도로 넣어둔 새 지폐에서 나는 소리였다. 그 돈은 몸의 일부분처럼 나의 동작에 따라 묘한 소리를 내고 있다.

지폐는 며칠 전 은행에서 갓 찾아온 것으로 새 돈의 감촉을 즐기며 호주머니에 깊이 넣어두었던 것이다. 그러면서 좀 더 보람 있고 가치 있는 곳에 사용하리라 마음을 먹었었다.

미사는 이제 말씀의 전례가 끝나고 성찬예식이 시작되었다. 그러나 마음은 한곳에 모아지지 않는다. '약하고 아쉬운 이를 불쌍히 여기시고' 하며 내가 외운 층계송 구절이며 구걸하는 노인의 그릇 속으로 굴러떨어지던 다섯 개의 동전 소리가 귓가에서 살아난다. 그리고 옷 속에 숨어서 나의 동작에 따라 소리를 내고 있는 종이돈이 마음을 어지럽힌다. 일어서지도 못하는 불구자의 남루한 모습이 떠오른다.

우리 집 산당화 나무보다 앉은키가 작고 우리 집 늙은 감나무보다 물기가 말라 버린 남자, 그의 육신이 짊어지고 있는 고통의 시초는 언제부터였을까. 아픔의 무게와 길이를 우리가 얼마만큼이나 짐작할 수 있을까.

그를 따뜻한 성당 안으로 데려가는 사람이며 권유하는 사람은 아무도 없다. 그는 마치 성당 바깥의 세계와 안의 세계와의 경계선에 버려진 한 개의 바위처럼 그렇게 땅에만 붙어 있다.

땅 위에 설 수 없다는 것, 마음대로 걸어다닐 수 없다는 것, 늙고 병들었다는 것, 가난하다는 것, 참으로 그에게 필요한 것은 동전 몇 푼이 아니고 파손되지 않은 새파란 종이 돈인 것을, 보람 있는 곳, 가치 있는 곳은 바로 늙고 병든 그 노인 인 것을.

이윽고 미사가 끝나고 우리는 성당 층계를 내려섰다. 마당에는 같은 계층의 사람끼리 축복의 말들을 나누는 일들 때문에 매우 혼잡하다. 나는 호주머니에서 지폐를 꺼내어 들고 구걸하는 사람에게로 갔다. 그가 보이지 않는다. 불구의 남자는 땅위를 기어서 다른 땅으로 옮겨갔다.

하느님께 올리는 찬미의 기도문과 아름다운 성가가 울려 퍼지고 있을 때 그는 혼자 짊어지고 있는 고통의 무게를 이끌고

가 버렸다. 한 움큼의 동전만을 움켜쥐고 떠나버렸다. 어디로 가버렸을까. 그 동안 나는 구걸하는 사람들을 볼 때마다 동전 크기만큼과 같은 인생인 것으로 생각하며 동전 다섯 개 정도의 선심만을 베풀며 지나와 버렸었다. 부끄럽다.

불구자가 깔고 앉아있던 신문지에 늦가을 햇살이 조금 남아 있다. 사람들이 신문지를 밟으며 뿔뿔이 혹은 떼를 지어 걸어 가고 있다.

탐진강까지

문득 산 속에서 밤을 지내보고 싶은 생각이 들었다. 산 속에서 밤하늘에 떠있는 별을 보고 산 속에서 숲을 지나가는 바람소리를 듣고 다시 아침, 눈부신 해가 산 위로 솟아오르는 모습을 보고 싶었다.

아침에 집을 나설 때는 이런 이유로 지리산이 우리의 목적지였다. 지리산에 도착하니 아직도 이른 오후, 우리는 다시 성삼재를 넘고 시암재를 넘었다. 시암재에서는 일부러 차에서 내려 뭉쳤다가 흩어지고 또 모였다가 다시 유유히 떠나가는 흰 안개 떼를 내려다보기도 하였다.

산 밑에 있는 마을까지 왔을 때였다. 불현듯 그 동안 만난 적이 없는 다른 산으로 가고 싶은 마음이 일어났었다. 어쩌면 그 산은 우리가 한 번도 가보지 않았던 고흥반도나 땅끝 마을에 있을 것 같기도 하였다.

지도를 꺼내 들고 그 쪽으로 차를 몰았다. 구례, 순천, 벌교, 보성, 장흥까지 왔다. 갑자기 시야가 환히 트이며 큰 강이 보였다. 낯선 땅에서 새로 만나는 강은 매우 신선한 느낌을 준다. 지도를 보며 강의 이름을 찾았다. 그러나 작은 지도에는 강물의 줄기도 강의 이름도 나타나 있지 않았다.

차를 세우고 지나가는 사람을 기다렸다. 강둑을 따라 한 남자가 오고 있다. 손에는 아무것도 들지 않고 빈손만 흔들며 걸어온다. 그는 강물에 취한 듯 강 쪽을 보고 있다. 가까이 보니 남자는 강을 보고 있는 것이 아니고 강 건너편에 그림처럼 솟아 있는 산을 보고 있었다.

"강의 이름이 무엇이오." 남편이 물었다. "탐진강이오." 그는 간단하게 대답을 하였다. 그리고 강을 버리고 둑 아래로 내려가더니 걸어오던 방향으로 다시 가고 있었다. 강의 이름을 듣는 순간 나의 내면에 숨어 있던 어떤 기억의 문이 쿵하고 소리를 내며 열리는 것 같았다. 우리를 무시하는 듯한 태도로 바람처럼 지나가 버린 남자가 기억의 문을 열어준 셈이다.

탐진강은 오랜 세월 동안 나의 의식 속에서 아련히 흘러다니던 강의 이름이다. 탐진강의 이름을 처음 들은 것은 처녀 시절, 우리 아버지에게서였다. 그때 아버지는 친구 몇 분과 함께 여행을 떠나셨다.

"남자들은 구름처럼 이리저리 잘도 다닌단다." 이런 말을 그날 어머니가 하셨던 것 같기도 하다. 나는 어머니의 말을 듣고 자유로운 구름 떼, 자유로운 남자들 하며 부러워하였다. 그 후 해질녘이면 어머니는 대문간에 서서 아버지를 기다리시곤 했다.

아버지는 다섯 밤을 지내고야 집으로 오셨다. "지리산 너머에 있는 탐진강까지만 갔다 왔다." 이렇게 말씀하시며 마루 끝에서 신발의 끈을 푸셨다. 어머니는 그 말을 들은 듯 못 들은 듯 물이 가득 담긴 놋대야만 아버지의 발 밑에 놓으셨다. 놋대야에 발을 담그신 아버지는 지리산이며 탐진강의 이야기를 들려주셨다.

먼 지리산 너머에 있는 강, 아버지의 긴 여행과 어머니의 기다림, 이런 애틋하기도 하고 허망하기도 한 기억과 그때 들은 강의 이름이 어찌 그리도 깊이 나의 내면에 자리잡게 되었을까. 강의 이름이 소멸되지 않았을까.

그 탐진강을 지금 나는 만나고 있는 것이다. 탐진강 곁에서 계셨을 아버지를 보고 있는 것이다. 문득 우리가 참 늦게 탐진강을 찾아왔다는 느낌이 든다. 탐진강과의 만남이 너무 늦은 연령쯤에서 이루어졌다는 생각이 든다. 해질녘의 기분은 쓸쓸하고 적요하다.

나도 아까의 남자처럼 강 건너편에 솟아 있는 산을 본다. 아름다운 산이다. 저 산이 우리가 찾고 있는 새로운 산인가. 그러나 아무리 둘러보아도 산으로 가는 길이며 강을 건너는 방법은 보이지 않는다. 산과 우리 사이에는 깊은 강물이 가로 놓여 있다.

아버지를 다시 생각한다. 이쪽 강둑에 서서 흘러가는 강물과 강 건너 먼 산만 바라보시다가 발길을 돌리셨을 아버지, 그래서 "탐진강까지만 갔다 왔다." 하시며 마루 끝에 주저앉으시던 아버지, 손에 잡힐 것 같으면서도 결코 붙들 수 없었던 세상 모든 것을 그저 멀거니 보고만 계셨던 아버지, 어쩌면 그것이 이 세상을 살다 가신 아버지의 한계가 아니었을까. 또 세상을 살고 있는 우리의 한계가 아닐까. 탐진강의 이름을 가르쳐주던 아까의 남자도 그 한계를 쓸쓸하게 깨달으며 터덜터덜 다시 되돌아간 것이 아닐까.

해가 산을 넘자 강물의 빛도 건너편의 산도, 나의 옷도 잿빛이 된다. 드디어 우리도 탐진강을 떠났다. 큰길로 나오자 강진행이라는 도로 표지가 붙어 있다. 오늘 밤 우리의 잠자리는 저 낯선 도시에 있을 것이다. 산 속에서 아침을 맞이해 보고 싶어했던 계획은 좀 더 접어두어야 할 것 같다.

도예원 풍경

우리가 도예원 방문을 결정하게 된 것은 어떤 찻집에서였다. 도기들 사이에 끼어 있는 황토빛 항아리가 문득 눈에 들어왔었다.

무늬의 새김질이며 한 점의 유액도 묻어있지 않는 항아리는 흙빛과 흙냄새를 그대로 지니고 있었다. 초벌구이를 끝낸 항아리는 둥실한 형태로 올라 앉아 있었다. 주인여자가 도예원에서 얻어온 것이라고 하였다. 즉시 우리는 "황토빛 항아리를 얻으러 우리도 도예원으로 가자." 했으며 다음날 곧 실행에 옮기었다.

도예원이 있다는 산길로 접어들자 실개천 옆에서 손에 사금파리를 든 아이들이 황토물에 사금파리를 담갔다 꺼내었다 하며 놀고 있었다. 도예원으로 가는 길을 물었다. 아이들은 사금파리 끝으로 땅에 그림을 그려가며 위치를 알려준다.

도예원 문을 들어서자 황토며 백토가 흙냄새를 풍기며 쌓여 있고 담 밑에 모아놓은 깨진 그릇들은 햇빛에 반짝이며 조각마다 빛을 내고 있었다.

제일 먼저 작업실로 안내되어 갔다. 방에는 흙 물레를 돌리고 있는 사람, 손으로 항아리의 주둥이를 빚어 올리는 사람, 또는 그릇의 표면에 음각을 하고 있는 사람, 이들 노소의 남자들은 얼굴이나 몸에 조금씩 흙을 묻히고 있었다.

어떤 노인이 흙을 반죽하던 작업을 중지하고 저항의 눈길로 우리를 쏘아보고 있다. 안내를 하던 사람이 도예의 비법인 흙과 물의 배합의 비율을 알고 있는 보배와 같은 노인이라고 귀띔을 해준다. 노인은 일체의 동작을 거부한 채 우리가 물러나기를 기다리고 있다. 모든 것의 근본인 흙과 물의 어울림, 그 균형과 조화를 터득한 노인은 비법의 신비를 혼자 지키고 있다.

한 소년이 방금 빚은 항아리를 다른 방으로 옮기고 있다. 방에는 아름다운 곡선의 잔치가 벌어진 듯, 어떤 것은 긴 목을 빼어든 우아한 학의 모습으로, 어떤 것은 만월처럼 솟아올라 교태를 피우기도 하고 또 어떤 수반은 포용의 아량을 베풀며 큰 원을 이루고 있다. 손잡이가 달린 물병은 옛 저고리의 소매처럼 완만한 곡선을 뻗어 내리며 큰 그릇 뒤에 서 있었고 또 흐르는 물살에 깎여진 것 같은 붓통은 불균형한 타원을 혼자 허공에 그리고 있었다. 이런 모든 도기들은 곡선의 우수를 조금씩 머금고 있다.

이제 이 땅의 산수며 풀잎 같은 것이 항아리의 표면에 새겨지고 백자의 흰 유액이 설원처럼 흘러내리면 마침내 항아리들은 몸을 익히려 불가마 속으로 들어갈 것이다.

나는 문득 불길에 익으며 견디며 마침내 색과 선으로 결속되어 다시 탄생되는 그것들을 맞이해보고 싶은 충동을 느꼈다. 그러나 불길은 잡았지만 뜨겁게 달아오른 도기들은 몸을 냉각시키며 세상으로 나올 시간을 기다리고 있는 중이며 그 때가 아직 멀었다고 하였다.

마지막으로 찾은 곳이 도예원을 경영하는 주인의 방이었다. 그는 뜻밖에 젊은 청년이었다. 약간 신경질적인 반응을 보이며 우리를 맞이한다. 그의 신경질적인 손끝의 떨림이 항아리의 마지막 표피를 마무리하는 끝힘이 아닐까 하는 생각이 들었다.

그는 일찍이 도예에 미쳐 부모의 재산을 많이 탕진했으며 지금도 탕진하고 있는 중이라고 하며 자조의 웃음을 띠운다. 나는 '도예에 미쳤다.' 하는 그의 거친 표현에서 어떤 장이 기질 같은 것, 혹은 '팔자 도망은 못 한다.' 하는 옛말의 숙명적인 의미를 떠올렸다.

이윽고 주인이 안겨준 달덩이 같은 항아리를 가슴에 보듬고 돌아왔다. 그때 누가 보았더라면 나의 얼굴빛과 황토색 항아리가 서로 닮아 있음을 발견했을 것이다.

솔방울

드디어 바다에 닿았다. 망망한 푸른 물이 발 밑에서 남실거린다. 더 이상 앞으로 나아갈 수 없는 땅과 바다의 경계선에 서서 바다를 본다. 이곳은 동해의 이름 모를 바닷가, 멀리 설악산 자락이 보인다.

아침 일찍 집을 나선 우리는 오랜 시간을 달려 여기까지 왔다. 떠나가는 배, 날아오르는 갈매기 떼, 밀려왔다가 밀려가버리는 파도, 바닷가 풍경은 지금까지 내가 살고 있었던 세상과는 영 다르다. 광활한 바다의 큰 세력 앞에서 깊은 숨을 쉰다. 문득 나의 존재가 발길에 밀리는 모래알 같다. 물거품 같다 하는 생각이 든다.

젊은 남녀가 사진기의 셔터를 눌러 달라고 요청을 한다. 여인은 묶었던 머리를 풀어헤치고 배우와 같은 몸짓을 하며 남자에게 딱 붙어 선다. 바닷바람에 나부끼는 머리카락, 서로 휘감기는 옷자락들, 젊은 연인들은 파도치는 바다를 배경으로 몇 장의 사진을 찍어대더니 또 바쁘게 떠나갔다. 그들이 걸어간 솔밭 너머로 도시의 지붕이 보인다. 그러나 내가 쉴 집은 그곳에 없다.

일상에서의 탈출, 나는 이 일을 얼마나 꿈꾸고 모색했던가. 모든 것을 버려두고 달려가는 곳, 그곳은 언제나 바다였었다. 망망한 바다를 향해 가슴속 말들을 토해내리라 했었다. 그리고 휴식을 취하리라 했었다. 이제 달려와서 만나 본 바다, 일상의 짐을 벗어버린 나는 지금 참 홀가분하다.

한 무리의 아이들이 솔밭에서 나오더니 물가에 우뚝 선다. 그리고 바다를 향해 무언가를 던져댄다. 자꾸자꾸 던져댄다. 던져진 그것들은 물 밑으로 가라앉지 않고 파도에 둥둥 떠간다. 솔방울이었다.

그 순진한 장난질을 나도 한 번 해보고 싶었다. 몇 개의 솔방울을 얻어 바다를 향해 던졌다. 솔방울들은 물결에 따라 몇 번이고 자맥질을 하더니 이내 모습이 보이지 않는다. 거센 파도를 따라 흔적도 없이 사라진다. 청솔 푸른 나무 끝에 달려 있다가 땅에 떨어진 솔방울들은 마침내 세상 바깥으로 팽개쳐져 버렸다.

아이들은 무력한 솔방울들이 파도에 휩쓸릴 때마다 손뼉 치고 웃어댄다. 그러나 나는 웃을 수가 없었다. 솔방울이 합류

한 바다의 깊고 차가운 물의 세력들이 너무 두려웠기 때문이다.

발끝을 내려다본다. 파도가 발목을 휘감는다. 세상에서 쓸모가 없어진 솔방울이 던져진 깊은 바다가 발밑에 있다. 시작도 끝도 없는 영원성, 그 망망한 바다가 발 아래에 있다. 세상에서 잊혀진 존재들이 누릴 어둠의 세계가 나의 발끝에 붙어있다. 공포였다.

나는 그 공포를 몸서리쳐하며 바닷가 땅 끝에서 물러섰다. 한 발자국 두 발자국 뒷걸음질을 치며 바다와 멀어져 갔다. 손에 남아 있는 두 개의 솔방울과 함께 내가 도망쳐나왔던 일상의 세계로, 그 부대낌 속으로 다시 돌아갈 준비를 하였다.

그림

집으로 돌아오는 길이었다. 함께 걷던 딸아이가 "아, 예쁜 그림." 하며 걸음을 멈춘다. 어떤 화랑 앞에서였다. 화랑 주인이 그림 한 폭을 벽에 걸고 있는 중이었다.

백자 항아리에 흰 마가렛꽃 한 묶음이 꽂혀 있는 손수건 한 장 크기의 소품이었다. 정확한 구도와 선, 사실적인 색채 표현은 화가의 정돈된 마음을 보여주는 것 같았다.

화랑 주인이 그 그림 곁에 다른 그림을 나란히 걸어 놓는다. 붉은 장미꽃 다발이 불타듯 던져져 있는 그림이다. 구도와 색채의 분방함이 잠시 눈을 혼란시킨다. 주인이 말하기를 같은 화가의 그림인데 앞의 것은 맑은 정신으로 그린 것이고, 뒤의 것은 술에 취하여 그린 것이라고 하며 재능이 있는 화가이나, 술 때문에 빛을 못 본다고 하였다.

재능이니 명성이니 빛이니 하는 말은 모든 예술가들이 탐을 내고 있는 말이기도 하다. 그러나 재능과 명성이 언제나 동행하지 않는 것임을 우리는 알고 있다. 어쩌면 화가는 술 때문에 빛을 못 보는 것이 아니고 세상의 오류 때문에 빛을 못 보는 것이 아닐까. 그래서 술을 마셔대는 것이 아닐까.

두 개의 그림을 샀다. 딸애는 흰 마가렛꽃 그림을, 나는 붉은 장미꽃 그림을 안고 돌아왔다. 향기로운 꽃다발을 보듬고 오는 것처럼 의기양양해 하며 걸어왔다.

그림들은 하나는 딸아이의 방에, 하나는 나의 방에 걸려 있다. 나는 손님이 오면 이 방 저 방으로 안내하며 그림에 대한 설명을 하기에 바쁘다. 딸애의 방에 있는 그림 앞에서는 청아한 아침빛 속에서 맑은 정신으로 그린 것이라 말하고, 장미꽃 그림 앞에서는 술에 취하여 그린 것인데 나는 장미꽃 그림이 더욱 마음에 든다고 덧붙이기도 한다. 화랑 주인의 흉내를 낸 나의 말이 맞는 말인지 알 수 없다.

나는 자주 딸애의 방에 들어가 희고 순결한 꽃그림을 본다. 만월처럼 둥근 백자 항아리에 수줍은 듯 서로 몸을 가리고 있는 모습이 눈이 부시도록 청결하다. 마치 아침 안개가 꽃과 항아리를 지키고 있는 것 같다.

지나간 옛 시절, 우리는 '빈 항아리 같은 가슴이니, 빈 그릇 같은 존재니' 하는 말을 입에 담으며 젊음의 길목을 지나왔었다. 지금 나의 딸아이도 그 길목을 지나고 있다. 비어 있던 항아리에 마침내 채워져 와서 꽃으로 서 있는 존재, 그 존재는 아름다운 향기를 사방으로 뿜어내고 있다. 다시 장미꽃 난만한 그림 곁으로 온다. 창문으로 비춰 오는 햇살 때문에 색채가 더욱 현란하다. 색채가 너무 강렬하여 곧 이울 것에 대한 예비적인 고통을 주기도 하지만 그 쓸쓸한 환희가 나를 붙들기도 한다.

구도의 생략, 원근과 명암의 무시, 색채의 무질서 등은 엄격한 질서에서 풀려난 편안함을 준다. 그것은 해방감이었다. 나는 장미꽃 그림 앞에 앉아 꽃에 취하고 색채에 취하고 해방감에 취한다. 마치 화가가 술에 취하듯 그림에 취한다. 취한 눈은 꿈꾸는 눈이기도 하다.

'인생은 살 것이 아니라 꿈꿀 것이다.'라고 여류화가인 마리로랑상은 말하였다. 그는 언제나 안개의 덫에 걸린 것 같은 그림을 자주 그렸었다. 연분홍빛의 그리움과 연회색의 우울을 즐겨 표현하였다.

나는 그림을 그린 화가의 연령이나 명성을 알지 못한다. 내가 감탄하는 것은 딸아이의 감성을 눈뜨게 해 준 맑은 표현력과 우리가 놓쳐버린 존재의 의미를 취한 눈으로 찾아내는 그의 시선에 감탄을 하고 있는 것이다.

앞으로 나는 '아, 예쁜 그림' 하며 우뚝 걸음을 멈추던 딸아이의 순결한 감성과 만나기 위해 그의 방에 걸려있는 그림 곁으로 갈 것이다. 그리고 화가의 아침 정신과 만날 것이다. 그러다가 장미꽃 그림 앞으로 와서 화가의 저녁 마음을 만나며 휴식을 취할 것이다.

어쩌면 지금쯤 화가는 거나하게 술에 취하여, 그러나 가슴 속에는 마침내 자유로이 풀려나는 형체며 선이며 색채를 소중하게 보듬고 늦은 밤거리를 휘청거리며 가고 있을지도 모르겠다.

염소 곁에서

어디서 매~매 하는 염소의 울음소리가 들린다. 고개를 돌려보니 풀밭 위에 염소들이 방목되어 있다. 염소 곁으로 가 보았다. 염소들은 나를 쳐다볼 뿐 달아나지 않는다. 염소의 눈은 매우 작고 순해 보였다.

지금 나는 바닷가로 쑥을 캐러 왔다. 해풍을 쐰 바닷가 쑥이 사람의 몸에 좋다는 말을 들었기 때문에 일부러 찾아왔다. 조금 떨어진 곳에서 염소지기 남자가 이쪽을 보고 있다. 손에는 긴 막대를 들고 있다. 곁으로 온 남자가 염소 떼를 몰고 나무 밑으로 가버린다. 처음에는 염소를 몰고 가버리는 그의 행위가 섭섭한 마음이 들었으나 나무 밑에는 염소가 좋아하는 풀이 많이 있는지 모두 고개를 숙이고 뜯어먹고 있었다.

나무는 지금 한창 꽃을 피우고 있는 중이다. 순결한 흰 꽃과

어진 동물들, 갑자기 그림으로 그려보고 싶다. 푸른 바다를 배경으로 느릿느릿 움직이고 있는 검은 염소 떼와 만개한 봄꽃, 이런 것을 화폭에 담아보고 싶어진다. 그러나 지금, 손에는 물감은커녕 종이 한 장도 지닌 것이 없다.

그림을 그리는 도구들이 언제쯤 내게서 물러가 버렸을까. 나들이를 갈 때마다 스케치북을 들고 나서던 그런 열정이 이젠 없다. 지금은 바닷가의 쑥이 몸에 좋다느니 깊은 바다에서 잡아올린 생선이 더욱 싱싱하다느니 하며 그것들을 담아올 보자기만 챙기는 나이가 되어버렸다.

염소지기 남자가 다시 곁으로 왔다. 말을 건넨다. 바닷가에서 기른 염소가 최고라고 하며 이유는 해풍에서 자란 풀을 먹기 때문이라고 했다. 내가 바닷가의 좋은 쑥을 캐러 왔듯이 염소들도 그 유익한 쑥을 뜯어먹고 있었던가 보다. 나는 염소들이 참 예쁘고 순하다고 말했다. 그러나 그는 다른 말을 한다. 몸이 허약한 여자는 염소 한 마리만 잡아먹으면 건강해진다고 하며 나의 몸을 훑어본다.

그때야 알았다. 염소지기 남자가 내게로 온 것은 염소의 예쁘고 순한 모습을 이야기하러 온 것이 아니고 염소 한 마리를 팔아먹기 위해 흥정을 하러 온 것이었다. 염소 한 마리를 먹어야 하는 허약한 체질이라니, 나는 허약하지도 않거니와 설사 풀잎처럼 가냘프다 해도 염소를 잡아먹을 마음은 추호도 없다. 밭두렁 위로 올라와 버렸다. 그리고 살아있는 염소 곁에서 잡아먹는 이야기를 예사롭게 하고 있는 남자를 눈으로 흘겨보았다.

저 염소들은 방금 우리가 한 말을 알아들었을까. 잡아먹는다는 사람의 말을 듣고 있었을까. 인간의 몸에 약이 되는 동물로 키우기 위해 푸른 초원으로만 데리고 다니는 사람의 속셈을 짐작하고 있을까.

밭두렁 위에는 여린 봄나물이며 쑥이 군데군데 나 있다. 밭두렁 끝에도 토종 씀바귀가 무리지어 솟아 있다. 나는 입맛을 돋우는 씀바귀나물 곁에 주저앉았다. 나물을 캐기 위해 칼을 내밀었다.

순간 염소의 울음소리가 들렸다. 칼을 든 채 염소 떼를 바라본다. 문득 인간의 입맛 때문에 작고 여린 봄풀의 생명을 댕강댕강 잘라버리려고 했던 나의 행위도 염소지기 남자와 닮아 있음을 깨닫는다.

해가 질 때쯤 우리는 바닷가를 떠났다. 염소들은 주인의 지시를 기다리고 있는지 그대로 풀밭에 남아 있다. 남자는 염소의 영양 상태를 관찰하고 있는 듯, 동물 곁에 딱 붙어 있다. 드디어 염소지기 남자는 긴 막대로 염소들을 휼쳐대며 어디인가로 향해 몰고 가고 있었다.

황홀한 기억 속의 여행

"맏물 곡식과 맏물 과일로 준비한 차례상이다." 이 말은 지난 날, 추석차례를 지낼 때마다 들려주시던 할머니의 말씀이시다. 맏물은 첫 수확을 말하며 흔히들 첫물이라고도 한다.

맏손녀였던 나는 맏물로 지은 햅쌀밥과 떡, 그리고 제상에 놓인 햇과일들을 보며 맏물이라는 말에 무언가 어깨를 누르는 의무감 같은 것을 느꼈었다. 그 의무감의 무게를 알고 계시는 할머니와 어머님께서는 "너희는 절대로 맏며느리로 시집을 보내지 않을 것이다." 하시었다. 그러나 지금, 나는 고향에서 멀리 떨어진 타관에서 해마다 명절이면 차례상을 손수 준비해야 하는 맏며느리의 위치에 있다.

문득, 이번 추석에는 맏며느리의 짐을 한 번쯤 벗어버리고 고향으로 달려가 친정집의 추석 차례에 동참해 보고 싶은 생각이 든다.

나의 뜰에서 거둔 맏물 대추며 내가 담근 산능금 열매술 한 잔을 올리며 맏물의 자리가 매우 힘든 자리임을 고해드리고 싶은 마음이 든다. 그러나 이번에도 고향의 모든 것을 그리워할 뿐 결코 떠날 수 없는 나의 위치를 깨닫는다. 황홀한 기억 속의 여행이나 하며 고향 산천을 한 번 둘러볼 작정을 한다.

대추열매가 단맛으로 익어갈 때쯤이면 어느새 추석은 성큼 다가오고 집안이 분주해지기 시작했다. 비어있던 방마다 등불을 준비하고 여인들은 제수를 장만하기 위하여 장터로 간다. 골목을 빠져나가는 여자들의 웃음소리와 발걸음소리, 할머니는 그 소리를 들을 때마다 "참 좋은 시절이다." 하시었다.

추석날 아침, 차례상 앞에 늘어선 가족들의 숫자며 엄숙하게 차례를 받들어 모시는 할아버지와 아버지와 또 자손들, 그것이 곧 가문이며 가풍이며 결속임을 깨달았다.

성묫길은 언제나 왁자했던 기억이 난다. 새 옷으로 명절치레를 한 어른과 아이들은 조금씩 달려가는 기분이 되어 걸어갔고 눈에 들어오는 들판은 풍요와 편안이 넘치고 있었다. 이 넉넉함은 우리가 갑자기 부자가 된 느낌을 갖게 하였다. 논두렁 위로 행렬을 지으며 걸어가던 남자들의 흰 두루마기 빛은 어찌 그리도 눈부셨던가.

드디어 밤, 수정산 위로 두둥실 보름달이 떠오르면 우리는 목청껏 환호를 하며 달님을 맞이했었다. 대낮같이 환한 밤은 우리를 바깥으로 유인하였고 누군가가 강으로 가자하는 소리에 남강 둑 위로 올라서곤 하였다. 강물 곁에 서서 창공에 떠있는 보름달과 강물에 잠긴 둥근달을 번갈아 바라보며 가슴속에 하나씩 기원을 품기도 하였다.

나는 지금도 기억한다. 거나하게 술에 취하신 채 대문간을 들어서시던 할아버지의 해질녘 모습을, 흰 옥양목 적삼대신 숙고사 물색저고리를 갈아입은 여자들의 인물이 달덩이처럼 환하게 피어오르던 모습을 기억한다.

강가의 모래밭에서 벌어지던 줄다리기의 함성이며 징소리 꽹과리 소리, 장구소리와 어울리던 농악패, 그것은 바로 우리의 신명이며 어깨춤이며 한풀이이기도 하였다. 음식을 나누며 서로 주고받던 덕담들, 산소로 가는 길목에 엎디어 있던 가을 국화의 향기, 대숲의 바람소리, 익어가는 열매의 빛, 그것은 고향의 향기며 소리며 빛이었다. 보름달을 보듬고 흘러가던 남강 물은 우리의 혈맥이며 숨결이었다.

나는 이번 추석에도 고향에 다녀오는 사람들의 긴 행렬을 바라보며 그들이 옷고름처럼 매달고 돌아올 생명의 뿌리와 가문의 긍지를 함께 느껴볼 작정이다.

4부

작은 꽃
산골교회
무장다리밭의 비애
땅따먹기
물리치료실
베니스의 가면무도회
동양바람
봄날은 간다
박타령
그림 빛

작은 꽃

청동으로 만든 꽃병이 한 개 있다. 크기가 분통만한 것으로 정교한 풀잎 무늬가 표면에 새겨져 있다. 친정어머니의 유품으로 본래 두 개이던 것이 어쩌다 나의 손에 한 개만 남게 되었다.

장미 한 송이도 받치기 힘들어 풀꽃 몇 개를 간추려 꽂을 수 있는 작은 꽃병에는 어머니의 어떤 정신이 담겨있는 것 같아 더욱 소중하다.

아득한 어린 시절, 우리는 아버지의 직장을 따라 산골에 가 있었다. 해마다 오월이 오면 마당가에 세워둔 마리아상 앞에 모여 묵주기도를 바쳤다. 그때 앞에 놓여 있던 것이 이 청동 꽃병이다.

한사코 크고 화려한 꽃만을 꺾어 와서 그것을 꽂지 못해 애쓰는 나에게 어머니는 말씀하셨다. “작은 꽃을 바쳐라.” 그러면서 한 묶음의 빛깔 엷은 풀꽃을 앞에 놓으셨다.

그때는 풀꽃이 왜 그렇게 시시하게 보였을까. 마당이 넓은 교장 관사라 집에는 옆집에서 뻗어온 대숲과 비오동나무며 매화가 있었다. 그 외에 목단이며 장미며 붓꽃 등 여러 가지 꽃이 많이 있었다.

그러나 어머니는 탐스러운 모란꽃도 향기 짙은 장미도 젖혀두고 들꽃을 더 좋아하셨다. 지금도 사진첩 속에는 담 밑에 피어있는 달무리같이 환한 찔레꽃 앞에서 찍은 가족사진이 있다.

이런 일도 있었다. 초원을 지나갈 때였다. 발밑에 앉은뱅이 꽃이 많이 피어 있었다. "아, 작은 꽃." 하며 어머니가 걸음을 멈추었다. 그리고 나에게 "작은 꽃과 같이 되어라. 길손이 먼 길을 가다가 지쳐 땅으로 고개를 숙일 때 거기 방끗 피어 있는 작은 꽃, 그런 기쁨을 주는 존재가 되어라." 하시었다. 크고 화려한 꽃처럼 살고 싶었던 나는 어머니의 말씀이 그때는 매우 싫었다.

돌아가신 지 어언 십여 년, 지금 생존해 계시면 올해가 회갑이시다. 요사이 길을 가다가 앞머리가 희끗한 안노인을 만나면 우리 어머니도 살아계셨으면 저렇게 늙었으려니 하고 짐작해보지만 그러나 아무리 생각해도 모습이 상상되지 않는다. 항시 눈앞에 떠오르는 모습은 임종 시의 모습이나 우리를 출가시킬 때의 모습이 아니고, 옛날 산골 관사에서 생활하실 때의 모습이다.

어스름이 학교의 넓은 운동장 위에 깔리면 마루 끝에 서서 열심히 램프의 유리 갓을 닦으시던 모습, 학예회에 나갈 동생의 춤을 연습시키느라고 나풀나풀 춤을 추어보이시던 모습, 풍금 앞에 앉아 노래를 부르시다가 우리를 돌아보시며 웃으시던 모습 등이다.

"작은 꽃을 바쳐라." 진정 어머니는 짧은 생애 동안 작은 것을 바치며 살아오셨다. 그 당시로는 귀했던 음악가에 대한 동경을 가슴 안에 접어두고 작은 풀꽃의 의지를 실행하며 살아오셨다.

우리는 자주 현란한 색채, 강열한 향기, 소유에 대한 욕망 때문에 괴로워한다. 나의 능력을 타인에게 인정받고 싶고 더 큰 것을 나타내기 위해 자주 피로에 지친다. 그러나 빛나는 것은 항시 저만치 있고 화려한 것은 쉬이 모습을 감춘다.

지금 우리 집 마당에도 작은 풀꽃이 솟아나고 있다. 어떤 것은 작디작은 모양이 모여 한 개의 둥근 꽃을 이룬 것도 있고 또 어떤 것은 낮게 몸을 구부린 채 조용히 향기를 내뿜고 있다. 오묘한 신의 섭리가, 자연의 신비로운 우주가 이 속에 있다. 설사 그것이 이름 없는 잡초로 저녁 이슬에 덧없이 사라진다 해도 존재한다는 것은 소중하고 의미 있는 일이다.

작은 꽃은 소리치지 않으나 겸손의 미덕이 있고 무성하지 않고 화려하지 않으나 사명에 충실하는 질서가 있다.

지금 나는 그때의 어머니의 연령쯤 하여 아이들을 거느리고 마당가에 서 있다. 목련이며 라일락의 향기를 비껴선 그늘에 서서 나는 땅을 굽어보며 말하여 줄 것이다. "작은 꽃을 보아라. 작은 정신이 뭉쳐 더욱 크고 빛나는 그런 존재가 되어라."

어머니의 손때 묻은 꽃병은 나의 손 가까이 있는데 살아갈수록 삶의 지혜가 아쉬워 더욱 그리운 우리 어머니는 지금 천국에 계신다.

산골교회

작년 겨울에도 이 길을 지나갔었다. 그날은 추운 날씨 때문에 차창 한 번 열지 않고 지나쳐버렸다. 그런데 오늘, 그때의 빈약해보이던 산골마을은 봄볕에 둘러싸여 매우 아늑하다. 산비탈의 밭들과 농가들, 소박하고 정겹다.

작은 냇물이 마을 앞을 흘러가고 들일을 하러가는 농부들이 물을 건너고 있다. 동네의 끝머리쯤에 바위가 솟아있고 흰 들찔레가 피어 있다. 찔레 덤불 사이로 사람들의 모습이 보였다.

우리는 사람들을 향해 걸어갔다. 찔레 덤불 곁을 지나자 지금까지 보이지 않았던 교회가 나타난다. 교회당의 창문턱에 얹힌 피튜니아 화분이며 튤립꽃으로 가꾸어진 꽃밭, 교회당 주변은 정결하고 질서정연하다.

황토밭에서 여자들이 일을 하고 있다. 늙은 노파와 젊은 새

댁이었다. 그들은 호미질을 하며 밭이랑을 따라가고 있다. 정결한 교회당 분위기에 비해 이들의 모습은 거칠고 피폐해 보였다.

그들 곁으로 다가갔다. 나이가 많은 여자가 경계하듯 나를 쳐다본다. 내가 그들 곁으로 간 이유는 칠선계곡으로 가는 길을 묻기 위해서였다. 그러나 온몸에 흙을 묻히며 일을 하고 있는 그들에게 관광지에 대한 말을 끄집어낼 수가 없었다.

뽑아낸 풀더미 속에서 쇠비름을 찾아내어 삶아서 고추장에 무쳐 먹으면 맛이 좋겠다고 했더니 대뜸 반색을 한다. 쇠비름을 알고 있는 나를 한패로 받아들이는 듯 칭칭이나물, 참비름나물 이야기도 하였다.

나이든 여자가 갑자기 "아, 이것이 땅 속에서 살아있었네." 하며 연둣빛 새순을 손으로 들어올린다. 새순 밑에는 콩 껍질이 달려 있다. 잎을 들어올리는 노파의 손이 새 생명을 탄생시키고 죽어버린 빈 콩 껍데기 같았다.

그때 우리 뒤에서 요동치듯 소리를 내고 있는 것이 있었다. 교회당 입구에 매어둔 현수막이 바람에 흔들리며 내는 소리이다. '죄를 회개하라', '구원을 얻어라' 하는 글이 쓰여 있다. 그네를 타듯이 앞뒤로 흔들리고 있다. 하지만 산골여자들은 그 소리를 들은 듯 못 들은 듯 일만 하고 있다. 땅에만 엎디어 있다. 외딴 산 속에서 흙을 상대로 농사만 지으며 살고 있는 농부들의 죄가 무엇일까, 무엇을 회개하라고 소리치고 있는가, 땅과 나무와 풀에 둘러싸여 나날을 보내고 있는 이들에게도 진정 회개해야 할 것이 있는가, 의문이 일어난다.

문득 정결하고 질서정연한 교회당은 농부들과 매우 거리가 먼 것 같은 생각이 든다. 교회당을 장식한 피튜니아며 튤립 같은 서양 꽃보다는 옥매화, 붓꽃, 패랭이 같은 우리의 꽃이 친근감을 줄 것 같은 마음이 든다.

한낮이 되었다. 교회당에서 낮기도 시간을 알리는 종소리가 들린다. 종소리는 교회의 종루를 벗어나 산비탈을 누비며 지나간다. 죄를 회개하라 하며 펄럭이고 있는 현수막 소리와 함께 멀리멀리 퍼져 나간다.

그러나 땅에 붙어있는 사람들은 아무도 고개를 들지 않는다. 그들은 종소리를 듣기 이전에 이미 기도하는 자세가 되어 땅으로 몸을 굽히고 있다. 어쩌면 그들은 땅에서 솟아나오는 새 생명을 보고 창조주의 권능과 섭리를 느끼고 있는지 모른다. 그 거룩한 신비를 겸허한 자세로 받아들이고 있는지 모른다.

봄에 씨 뿌리고 가을에 거두고, 겨울의 추위를 씨앗들과 함께 견디며 또 그것들을 지키면서 자연의 한 부분으로 살아가는 농부들, 어쩌면 죄를 회개하라고 외쳐대는 사람들보다는 농부들의 영혼이 창조주에게 더 가까이 다가가 있음을 깨닫는다.

돌아오는 길, 흙에서 캐낸 나물을 얻어 왔다. 나물보퉁이를 들고 들찔레 곁을 지나오며 그들과 나는 쇠비름, 참비름 등, 대우받지 못하는 풀 이야기만 했을 뿐, 회개에 대한 이야기, 구원에 대한 이야기는 한마디도 나누지 않았음을 깨달았다.

무장다리밭의 비애

산모퉁이를 돌자 갑자기 시야가 넓게 트인다. 여기가 압량들 벌판이다. 밭일을 하고 있는 사람이며 꽃을 피운 무장다리밭이 보인다. 무장다리꽃이 밭 한 뙈기를 다 차지하고 있다.

옆에 있는 밭에서 여자들이 솎아낸 배추를 단으로 묶고 있다. 갑자기 솎음배추의 겉절이 나물이며 쌀뜨물을 받아 넣은 배춧국 생각이 났다. 밭두렁 위로 올라섰다. 배추밭으로 다가간 나는 팔기를 원하며 돈을 내밀었다. 그러나 무안하게도 거절을 당하고 말았다. 미리 밭떼기로 팔려버려 마음대로 할 수 없다고 하였다.

일손을 놓은 여자들이 밖으로 나와 휴식을 취한다. 그들은 옷에 풀물이 드는 것도 개의치 않는 듯 그대로 주저앉는다. 솎음배추를 단념한 나도 그들의 흉내를 내며 풀 위에 퍼질러

앉았다. 밭두렁 위에는 제비초리며 냉이며 고들빼기 같은 것이 솟아 있다.

어떤 여자가 "남지댁, 노래 한 가락 불러라. 신식 노래도 좋고 구식 노래도 좋다." 하며 소리친다. 나는 급히 고개를 돌려 남지댁이라는 여자를 쳐다보았다. 그의 택호인 남지는 낙동강 가에 있는 소읍으로 고향으로 가는 길목에 있다. 그는 사람 좋은 웃음을 띠며 신작로 쪽을 보고 있다.

내가 고향의 남강 곁을 떠나 타관의 땅에서 살고 있듯이 저 남지댁도 낙동강 곁을 떠나와 낙동강보다 넓은 압량들 한 자락에서 살고 있는가. 흘러가는 남강의 꿈을 내가 자주 꾸듯이 저 여자도 낙동강 푸른 물살을 꿈 속에서 더러 보는가.

남지댁은 노래를 부르는 대신 우스갯소리로 사람들을 웃기기 시작한다. 그는 아무런 슬픔도 근심도 없는 것 같았다. "무장다리같이 여자가 싱겁기는." 한 여자가 핀잔을 준다. 그러고 보니 남지댁은 무장다리처럼 본때가 없고 미루나무처럼 키만 크다. 문득 나는 무장다리밭을 보고 쓸모가 없을 것 같은 장다리꽃을 왜 그대로 두는지 의아한 느낌이 들었다. 이유를 묻는 나에게 어떤 여자가 "씨를 받고 있는 것이지요. 씨를 받아야 밭에 또 뿌리지요." 한다. 여자들이 그 말을 듣고 일제히 웃어댄다.

갑자기 남지댁이 벌떡 일어서더니 신작로 쪽을 향해 뛰어간다. 어린소녀가 머리를 나풀거리며 오고 있다. 아이를 들쳐 업은 남지댁이 덩더쿵질을 해대며 밭두렁을 걸어온다. "아이고, 등에 업힌 가시내가 낭개(나무)에 붙은 매랭이(매미)같네. 그만 고추씨나 받아 세상에 나올 것이지." 하며 늙은 여자가 한숨 같은 소리를 낸다. 처음에는 말뜻을 알아들을 수 없었다. 하지만 곧 그것은 남지댁을 두고 하는 말이며 그는 딸 하나만 데리고 사는 외로운 처지인 것을 알게 되었다. 두 모녀는 이런 소리를 못들은 듯 무장다리밭에 들어가 꽃을 꺾어 머리에 꽂기도 하고 나비를 잡기도 한다.

무씨를 달고 있는 장다리꽃과 딸 하나 데리고 있는 남지댁, 저 아이는 남지댁의 치마폭에 떨어진 한 톨의 열매인가. 남지댁이 이 세상을 살아가는 삶의 목적인가. 나는 입 속으로 '천지간에 꽃잎 같은 딸 하나, 천지간에 밤톨 같은 열매 하나.' 하고 뇌어 본다. 갑자기 모녀의 신세가 무리지어 서 있는 무장다리꽃보다 쓸쓸한 느낌이 든다.

휴식을 끝낸 여자들이 다시 배추밭으로 들어가고 밭두렁 위에는 나와 소녀만 남았다. 일을 하고 있는 엄마를 보다가 먼 산을 보다가 하던 아이가 나와 눈이 마주치자 부끄러운 듯 고개를 숙인다. 머리에 꽂혀 있던 장다리꽃이 땅으로 떨어진다.

다시 배추밭 쪽에서 왁자한 웃음소리가 들린다. 키 크고 싱거운 남지댁이 또 사람들을 웃겼는가 보다. 문득 남지댁의 우스갯소리가 그의 적막을 위장하는 방법인 것을, 미루나무처럼 큰 키와 본때 없는 그의 몸매가 어린 씨앗을 지키는 무기인 것을 깨닫는다.

자동차 소리가 들린다. 여자들이 품삯을 받으려 몰려간다. 남지댁도 아이의 손을 잡고 따라간다. 엄마에게 매달려가는 소녀가 한 포기 이름 없는 들풀 같다. 그들 뒤에는 결코 화려하지 못한 무장다리꽃이 바람 따라 몸을 움직이고 있다.

땅따먹기

산을 내려오는 우리 뒤로 산바람이 소리를 내며 따라왔다. 옷자락이 바람에 풀썩거린다. 모두 말이 없다. 논두렁길로 내려선 우리는 비로소 고개를 돌려 산 위를 올려다보았다. 뒷일을 하려고 남아 있는 사람들의 모습이 나무 사이로 어른거린다.

누군가가 "좀 쉬었다 가자." 하는 소리에 동네 어귀에서 걸음을 멈추었다. 쉬고 싶다는 것은 핑계일 뿐 산에 두고 온 분 가까이 좀 더 머물고 싶은 마음이 간절했는지 모르겠다.

가을걷이가 끝난 들판에서 소년들이 공차기를 하고 있다. 끊임없이 뛰며 소리치며 움직이고 있다. 입을 다문 우리의 가슴속에 비로소 사람의 더운 생기가 스며든다. 담 밑에서는 한 무리의 아이들이 흙바닥에 앉아 땅 위에 금을 그어가며 놀이를 하고 있다. 땅따먹기였다.

얼굴 군데군데에 마른버짐이 피어있는 아이며 몸집이 싸릿대 같은 아이며 옹기그릇 부딪치는 것 같은 말소리를 내고 있는 아이들이 놀이에 열중하고 있다. 둥근 원을 중심으로 마주 앉아 백 원짜리 동전을 상대방 쪽에 튕겨 넣어 한 뼘, 두 뼘, 뼘을 재어가며 자기의 땅을 확장해 나가고 있다.

땅따먹기는 우리가 어렸을 적에도 즐겨하던 놀이이다. 펀펀한 흙 마당이나 운동장 한쪽에 몰려 앉아 자주 땅따먹기를 하였었다. 그때 우리가 손으로 그린 둥근 원은 언제나 한쪽이 조금 이지러진 모습을 하고 있었다. 그리고 상대방의 땅을 빼앗을 차례가 되면 한껏 손가락을 늘려 뼘을 재어 나갔지만 내가 차지한 땅은 언제나 욕심에 차지 못하였다. 이 놀이 때문에 손과 옷은 자주 흙먼지를 뒤집어쓰곤 하였다.

문득 오늘 장례식을 치룬 분이 차지하고 누운 땅의 크기가 생각난다. 그는 부자였다. 흔히들 땅 부자라고 말하였다. 농가의 아들로 태어나 땅에 대한 욕심이 대단하였다. 농토는 물론 집터, 과수원 등 곳곳에 땅이 많이 있었다. 땅을 새로 장만할 때마다 매우 자랑스러워하였고, 땅의 영원한 주인인 것처럼 다시 팔아버리는 일이 없었다. 그분은 오늘, 거느리고 있던 넓고 기름진 땅을 모두 버려두고 두 평도 되지 않는 땅에 누워 있다.

머리 위에서 비행기 소리가 들린다. 사람을 태우고 땅으로 귀향하는 것일까. 우리의 행위도 높은 창공에 마음을 띄우고

돌아다니다가 다시 땅 위에 내려앉아 차지할 몫을 챙기는 일에 열중하며 살아가고 있는 것이 아닐까

골목 안에서 아이를 부르는 큰 소리가 들린다. 아이들은 소리를 따라 동전만을 움켜쥔 채 우우 달려가 버린다. 담 밑이 텅 빈다. 땅에는 아이들이 놀다간 흔적이 어지럽다. 그 흔적은 한 차례 전쟁을 치르고 난 세계지도를 보는 것 같았다.

해가 질 시간인가. 매우 센 바람이 다시 산 쪽에서 불어온다. 한 움큼 흙바람이 불어와 이리저리 그어 놓은 땅 위의 금들을 덮어버린다. 네 땅이니 내 땅이니 하며 구획지어 놓은 것이 사라지고 다시 편편한 땅이 된다.

산 쪽으로부터 서서히 그늘이 드리워진다. 그늘은 산에 있는 모든 것을 덮어줄 이불처럼 자락을 넓혀 간다. 죽은 이가 차지하고 있는 산 위에는 아직 햇살이 남아 있다. 그 영토는 매우 따뜻해 보였다.

드디어 우리는 그가 버리고 간 세상의 거처를 향해 발걸음을 떼어 놓았다. 이제 우리 뒤에는 산바람이 소리를 내며 따라오지 않았다.

물리치료실

간호사의 안내를 받으며 지하실에 있는 물리치료실로 내려갔다. 젊고 예쁜 간호사가 "어쩌다가 팔을 다쳤어요." 하고 물었다. "국화 화분에 물을 주다가 그만 미끄러졌어요." 나는 이렇게 대답을 하며 방긋 웃어 주었다.

내가 웃음을 웃은 이유는 힘없이 미끄러진 바보 같은 나의 행동과 팔의 아픔을 젊은 여자 앞에서 아무렇지도 않은 것처럼 위장하고 싶었기 때문이다. 그러나 층계를 다 내려가기도 전에 팔의 통증 때문에 상을 찡그렸다.

물리치료실에는 여러 사람들이 치료를 받고 있었다. 옆자리에도 한 여자가 다리에 찜질을 하고 있다. 그는 된장 단지를 옮기다가 넘어졌다고 하며 나에게 다친 이유를 물었다. 이번에도 나는 국화꽃에 물을 주다가 미끄러졌다고 말하였다. 넘어진 것과 미끄러진 것의 차이를 생각해 보았다. 같은 뜻이지만 미끄러졌다는 표현이 더 재미있게 들렸다. 그리고 된장 단지를 안고 넘어진 것보다는 향기로운 국화를 안고 미끄러진 것이 조금은 멋이 있는 것 같았다.

물리치료를 받으며 함께 넘어진 국화 화분을 떠올렸다. 수필 선집 출간을 축하한다며 젊은 문우들이 국화를 보내주었다. 노란 꽃송이가 손뼉을 치듯 웃고 있는 소국 화분이다. 나는 그것을 거실 들머리에 놓았다가 중앙에 놓았다가 하며 빛과 향기를 즐기었다. 보내준 이들의 마음도 강물처럼 내게 스며들었다.

그날 아침에도 국화 옆에서 마당을 내다보고 있었다. 뜨락에는 봄에 심은 국화가 흐드러지게 피어 있다. 땅내를 맡으며 핀 국화와 화분에 있는 국화를 비교해 보니 화분에 있는 것이 힘이 없어 보였다.

즉시 물 한 바가지를 떠 와서 부어 주었다. 물은 이내 잦아들었다. 다시 또 한 바가지를 갖고 와서 손끝을 물에 담갔다 꺼내었다 하며 손에 묻은 물기를 꽃에 뿌렸다. 국화꽃이 이내 생기를 찾는 것 같았다.

물바가지를 도로 갖다두기 위해서 일어섰다. 발자국을 떼어 놓는 순간 그만 마룻바닥에 줄떡 미끄러지고 말았다. 옆에 있던 국화 화분도 함께 넘어졌다. 바닥에 물이 흘러 있었던 것이다. 몸에 부딪친 꽃줄기가 부러졌다. 나의 팔도 국화꽃에 부딪쳐 부러졌는지 매우 아팠다.

병원에 가서 사진을 찍었다. 뼈는 탈이 없지만 물리치료를 받아야 된다고 했다. 의사는 "앞으로 모든 행동에 조심을 하십시오." 하는 충고를 덧붙였다. 지난해 겨울, 눈 위에 미끄러져 병원에 다닐 때도 의사는 이 말을 했었다. "눈 위에 그만 미끄러졌어요." 그때도 나는 웃으면서 말을 하며 부끄러움을 위장하였다.

세 번째로 물리치료를 받으러 갔을 때였다. 아는 사람을 만났다. 발목에 붕대를 친친 감고 있었다. 그는 "이제 행동에 자신이 없다." 하며 씁쓸한 표정을 지었다. 산에 오르는 일, 운동을 다니는 일 등 모든 일에 열성적이고 자신만만하던 그가 다리를 절뚝이고 있었다.

우리는 함께 치료를 받으며 많은 이야기를 나누었다. 몸 밖으로 빠져나가는 힘들이며 무언가를 경영하고 가꾸는 일이 우리와 점점 관계가 없어지는 그런 말들을 주고받았다.

며칠만 더 다니면 치료는 끝이 난다. 고장이 났던 팔도 물리치료 덕으로 치유가 될 것이다. 그러나 아무리 치료를 받아도 결코 치유될 수 없는 부분이 있다. 그것은 나의 자신감의 상실이다.

머지않아 겨울이 오면 나는 할 일이 없어진다. "흰 눈에 미끄러졌어요." "국화꽃 옆에서 미끄러졌어요." 하며 헛웃음을 웃어대던 그런 오기마저 없어진 지금, 겨울 추위와 맞설 용기는 더욱 없다. 선생님의 말씀을 잘 따르는 학생처럼 모든 일에 조심하라는 의사의 충고를 생각하며 아무 짓도 하지 않을 작정이다.

창가에 붙어 서서 흰 눈에 파묻히는 산이며 겨울 창공에 솟구쳐 오르는 새들을 바라보기만 할 것이다. 가만히 서서 세상에서 이루어지고 있는 모든 사건들을 멀거니 보고만 있을 것이다.

베니스의 가면무도회

오후 늦게 베니스에 도착한 우리는 곧 거리에 나섰다. 내일 일찍 밀라노로 떠나야 하므로 바쁘게 행동해야 한다. 산마르코 성당과 두칼레 궁, 운하에 걸린 한숨의 다리를 빠르게 둘러본 후, 리알도 다리를 찾아나섰다.

길가에 서 있는 청년에게 다리의 위치를 물었다. 그는 자기들도 그쪽으로 간다고 했으며 곧 한 무리의 남녀가 나타났다. 그들은 기이하게도 모두 가면을 쓰고 있었다. 가면무도회에 간다고 했다.

붉은 가발을 쓰고 얼굴에 흰 분칠을 한 사람, 가짜 콧수염을 붙인 사람, 세 개의 눈을 가진 악마의 가면을 쓴 사람, 그들은 마치 낮도깨비들 같았다. 우리는 그 도깨비들과 앞서거니 뒤서거니 하며 수로에 붙어있는 좁은 길을 따라 걸어갔다.

대리석의 아치형 다리가 운하에 걸려 있다. 우리는 아름다운 리알도 다리를 배경으로 사진을 찍었다. 사진기의 셔터를 눌러주던 청년이 "동양적인 미소를 짓지 말고 웃으시오." 한다. 이 말은 서양 곳곳에서 듣던 말이다. 무표정하게 얼굴이 굳어있는 우리를 답답하게 여긴 서양 사람들은 "웃으시오. 크게 웃으시오." 하며 사진을 찍을 때마다 소리친다.

나는 그들의 요구대로 활짝 웃으며 사진을 찍었다. 이들 선한 낯도깨비들과도 사진을 찍었다. 우리의 배경에는 베니스의 물이 흐르고 있었다.

음악이 들려온다. 가면무도회가 시작된 모양이다. 같이 온 청년이 함께 가기를 권유한다. 문 앞에 세워둔 꽃 탑에서 향기가 진동했다. 춤을 추고 있는 사람, 술잔을 높이든 사람, 왁자하니 즐거운 모습들이다. 나는 입구에 서서 그들의 흥겨운 잔치를 구경하였다. 그들 역시 가면 밑에 감추어진 눈으로 분장하지 않는 우리를 관찰하고 있었을 것이다.

그곳을 떠났다. 음악은 멀리까지 우리를 따라왔고 운하의 물결도, 나의 가슴도 음악에 취하여 높게 흔들리고 있었다. 빈 콘도라도 물 위에서 혼자 흔들고 있었다.

우리의 본래 계획은 내일의 출발을 위해 일찍 휴식을 하고 기념품 따위는 구입하지 않을 작정이었다. 그러나 결심은 순식간에 무너지고 눈길을 끌던 물빛 수정잔이며 바이올렛색의 레이스 장갑을 사고 싶은 욕망이 일어났다. 그리고 물길을 따라 한없이 걷고 싶었다. 곤도라도 타보고 싶었다.

그 동안 로마의 성전에서 갖던 종교의식, 폼페이의 허무, 미켈란젤로와 라파엘로의 예술혼으로 가득 차 있던 플로렌스의 향기, 이런 것들은 우리를 깊은 사색의 세계로 이끌어가기도 하고 엄숙한 삶의 질서를 일깨워 주기도 하였다. 그러나 베니스는 그 질서를 무너뜨리고 있다. 운하의 물은 출렁이는 소리를 내며 가슴을 두드리고, 가면무도회는 나를 다른 사람으로 분장시킨다. 쇼윈도에 진열된 찬란한 물건들도 나를 현혹하고 있다.

드디어 수정 유리잔과 레이스 장갑을 샀다. 지금까지 끼고 있던 검은 장갑을 벗어버리고 새 장갑을 손에 끼었다. 화사하다. 물빛 수정잔을 통하여 투시되는 풍경과 사람들도 신비하고 환상적이다. 그 마법의 잔을 손에 든 우리는 운하 옆을 오랫동안 왔다 갔다 하며 베니스의 밤을 깊이 호흡하였다.

내일 아침이 되면 우리는 다시 산마르코 광장으로 갈 것이다. 나는 새 장갑을 낀 손으로 비둘기 떼를 유혹하며 멋진 손의 표정을 지어 보이리라. 가면무도회가 열렸던 곳을 찾아가서 도깨비들의 흔적도 살펴보리라. 행여 도깨비들이 쓰고 있던 가면 조각이라도 얻을 수 있다면 그 가면으로 얼굴을 가린 채 한가락 신명이라도 풀어볼 수 있을까. 동양적인 미소의 테두리에서 벗어나 큰소리로 세상을 한 번 웃어볼 수 있을까.

물과 여정의 도시 베니스, 베니스는 흐르는 물소리와 함께 잠들어 있는 인간의 본성을 일깨워 놓는다.

동양바람

며칠 전, 둑스 교수의 저녁 초대에 다녀온 후, 가슴속에 일기 시작한 바람이 좀처럼 가라앉지 않는다. 나는 바람을 잠재우려 인파가 넘치는 거리를 쏘다니기도 하고, 수풀 속을 휘젓고 다녀보기도 했지만 잠을 자기는커녕 더 큰 바람을 준비하고 있는 듯 더욱 기승을 부리고 있다. 바람의 방향은 오로지 동쪽으로 불어가 맨 끝 한국 땅에 닿는다.

우리를 초대한 그는 이곳 대학의 저명한 사회학 교수로 한국과 인도에도 다녀왔으며 동양문화에 관심이 많다. 집 현관에는 동양의 풍속화가 걸려 있고 거실 중앙에도 샹들리에 대신 대나무로 만든 등이 드리워져 있다. 전등에 불이 켜지면 만월이 떠있는 것처럼 보이며 종이를 새어나온 은은한 불빛은 동양의 정취를 느끼게 해준다. 한지로 만든 지등紙燈도 필시 동양의 제품일 것이다. 서쪽 벽에도 묵화가 걸려있고 세죽細竹의 댓잎은 바람을 머금고 있는지 한쪽으로 쏠리고 있다.

그분은 우리가 선물로 준 태극선 부채를 받고 적赤, 청靑, 황黃 등의 삼색이 회오리치며 어울려 있는 것을 보고 색채의 조화에 감탄을 하였다. 옆에 있는 부인에게 "이것이 동양의 바람이오." 하며 부채로 바람을 보낸다. 동양을 알지 못하는 부인은 동양바람의 고요한 정서를 느낄 수 있었을까.

지금 서양에서는 동양에 대한 관심이 매우 높다. 대학에도 동양학과가 생겨나고 동양사상에 몰두하는 사람들도 많다. 지금 이곳에서 동양바람이 불고 있는 것처럼 지난날 우리 땅에서도 서양바람이 불고 있었다. 그때 나도 서양바람에 젖어 서양의 넓은 땅과 공기를 그리워하였다.

서양으로 날아오는 비행기 안에서 새 세계에 대한 흥분에 얼마나 몸을 떨었던가. 서양을 알고 싶어 쏘다니며 느끼고 감탄하던 시기, 그러나 탐색의 시간은 빨리 지나가고 동양과 서양의 기로에 선 나는 양 문화의 결속이 얼마나 힘든 것인가를 차츰 깨달았다.

나는 지금 병을 앓고 있다. 그리움같기도 하고 상사병같기도 한 병이 나를 괴롭히고 있다. 그럴 때마다 아침 시장에 나가 숯덩이처럼 검은 무(속은 희고 단단하다)를 사다가 깍두기를 담아보기도 하고 공원으로 가서 서양아이들의 손을 잡아보기도 하지만 공허의 바람은 좀처럼 가라앉지 않는다.

그날 밤, 초대의 모임에서 돌아올 때 우리는 대학 옆 수림樹林과 호수를 지나왔다. 다시 일고 있는 나의 바람을 잠재우기 위해서였다.

벽에 걸려있던 족자에 동양의 시詩가 적혀 있었다. 저명한 학자이며 박사인 교수는 그 한시漢詩의 참뜻을 알고 있을까. 게르만 민족의 대이동의 무리가 서양을 유랑하고 있을 때, 동양의 땅 끝에서 찬란하게 꽃피고 있던 신라의 문화를 그는 알고 있을까. 국토를 강탈하기 위해 밀려온 일본의 침략 때문에 우리가 겪어야 했던 고통을, 우리의 옛 분노를 그는 알고 있을까.

며칠 후, 우리는 그들을 초대할 것이고 그 자리에서 많은 이야기를 또 나눌 것이다. 그때 나는 한국에서 갖고 온 흰 자기를 자랑하며 무명베 같은 백자의 정신을, 부드러운 곡선이 품고 있는 관용의 선을, 이야기하리라. 그리고 그들이 돌아간 후, 남아 있는 술잔을 기울이며 아직도 못다 한 이야기를 이어가리라.

조상이 잠들어 있는 선영 위의 저녁별, 연와에 덮여있는 푸른 이끼, 무너진 비각의 흙담을 돌면 거기 엎디어 있는 황국의 덤불, 심지어 대문을 쾅쾅 두드리던 인삼장수의 느린 말씨도 그리움으로 이야기하리라.

이런 기억의 재생은 가슴속에 일렁이고 있는 바람을 잠재워 줄 약이 될지 아니면 더 큰 바람의 원인이 될지 알 수가 없다. 돌아가는 날까지 끊임없이 나를 흔들어댈 동양바람 속에는 우리의 솔바람 소리와 강바람도 포함되어 있다.

봄날은 간다

멀리서 바라보니 벚나무 가로수가 술에 취한 것처럼 불그레하다. 나무에 달려있는 꽃봉오리들 때문인 것 같다. 나는 '아, 봄이 왔구나.' 하고 나무 밑으로 들어섰다. 지나가던 소녀들이 "얼른 꽃이 피었으면 좋겠네." 하며 꽃봉오리를 만져본다. 소녀들은 빨리 처녀가 되고 싶은 듯 머리 모양이며 옷차림이 나이가 든 흉내를 내고 있다.

며칠 후, 시내에서 돌아오는 길에 벚나무 옆을 또 지나오게 되었다. 어느새 눈부시게 피어난 꽃들, 온 천지가 꽃의 기운으로 넘쳐 있다. 나는 '봄이 깊었구나.' 하며 들고 있던 짐 보따리를 꽃그늘 밑에 내려놓았다.

꽃나무를 배경으로 나란히 서서 사진을 찍고 있는 젊은 남녀며 나무에 기대어 독사진을 찍고 있는 처녀가 보였다. 십여 년 전, 나도 이 벚꽃 아래에서 사진을 찍었었다. 연두빛 치마를 봄바람에 펄럭이며 사진을 찍었었다 그때는 나무들의 키가 작았다. 그런데 어느새 십 년의 세월이 흘러가고 이제는 늠름한 장년의 나무가 되어 있다.

며칠 동안 봄비가 내렸다. 비가 개인 날, 어떤 분의 병문안을 다녀왔다. 항상 활기가 넘치던 그분은 파리한 모습으로 병상에 누워 있었다. "세상에는 봄이 한창이겠네." 하며 바깥세계의 봄소식을 궁금해 하였다. 건강도 명성도 어느새 빠져나가고 병든 몸만 남아있는 모습을 보니 마음이 아팠다. 나는 쓸쓸한 기분에 싸여 천천히 걸어왔다. 벚나무 가로수길로 들어섰다. 꽃이 지고 있었다. 낙화가 땅에 깔려 있다. 나는 "이제 봄이 영 가고 말았구나." 하며 땅에 내려앉는 낙화를 손으로 받았다.

그날 밤, 먼 곳에 있는 친구에게 전화를 했다. 젊은 시절을 함께 보낸 친구이다. 그는 대뜸 "무슨 일이 있니." 하고 물었다. 내가 전화를 한 것은 무슨 일이 있어서가 아니다. 지나간 우리의 봄날, 함께 바라보았던 복사꽃 이야기며 살구꽃 이야기를 하고 싶었기 때문이다. 그는 이런 이야기에는 별로 흥미가 없는 듯 자식들 말만 늘어놓았다. 그의 가슴속에는 아직도 봄이 머물고 있는 것 같았다. 그런 친구에게 "봄날이 다 가고 말았네." 하는 말을 할 수가 없었다.

감잎이 피어날 무렵, 문학기행을 다녀왔다. 지리산 섬진강,

화개장터를 만나보고 왔다. 지리산 산자락에 보랏빛 꽃을 피운 오동나무가 서 있었다. 나는 "오동나무꽃이다." 하고 소리를 쳤지만 웃고 떠드는 말들 때문에 오동나무꽃 이야기는 파묻히고 말았다.

돌아오는 차 안에서 노래잔치가 벌어졌다. 차례에 따라 나에게도 마이크가 건네왔다. 나는 해가 지고 있는 창밖을 내다보며 '연분홍 치마가 봄바람에 휘날리더라.' 하는 구식노래를 불러재꼈다.

음정도 가사도 엉망인 나의 노래를 차 안에 있는 여러 문우들이 함께 불러주었다. 노래의 마지막 구절인 '봄날은 간다.'에서는 목이 조금 메었다. 나는 노래를 부르면서 나의 젊은 날도 생각하고 그 젊음이 감당했던 분홍빛 그리움과 고뇌도 생각하였다.

웃고 떠들며 즐거웠던 하루, 자기의 분야에서 아름다운 글을 쓰며 조금씩 가슴앓이를 하고 있는 여류 문인들, 그들 중에는 젊음의 문턱 서 있는 사람도 있고 그 문턱을 이미 넘어선 사람도 있다. 그리고 저만치 달아나는 봄을 안타깝게 보고 있는 사람도 있다.

봄날의 시작과 봄날의 끝남, 꽃의 피어남과 꽃의 이울어짐, 이런 허망한 이치를 깨달으며 그들도 나의 노래를 함께 따라 불러 준 것이 아닐까. "봄날은 간다." 하고 몸부림치듯 손뼉을 쳐댄 것이 아닐까.

창밖에는 어둠이 시작되고 있었다. 산도 강도 나무도 분별할 수가 없다. 뒷자리에 앉아있는 젊은 시인이 마이크를 잡고 요사이 유행하는 신식 노래를 속삭이듯 부르고 있다.

박타령

마당을 넓히고 난 후, 새로운 욕심이 생겨났다. 책을 가득히 모으고 싶다든가, 좋은 종이를 갖고 싶다든가, 하는 젊은 날의 욕심은 이미 사라진 지 오래였고 그 후에는 예쁜 그릇이나 그림 같은 것을 곁에 두고 싶은 욕망으로 가득하였다.

이제 마당을 넓히고 나니 나무며 꽃에 대한 욕심이 또 맹렬하게 일어났다. 어떤 집을 방문했을 때였다. 담을 감고 올라가는 조롱박을 보게 되었다. 탐을 내고 있는 나에게 주인이 설익은 조롱박을 두 개나 따 주었다. 나는 조롱박을 창가에 달아두고 좀 더 여물기를 기다렸다. 그러나 이내 시들어버리고 말았다. 씨앗만을 끄집어내어 간직하였다.

다음해 봄, 호박 씨와 함께 조롱박 씨도 땅에 심었다. 얼마가 지나자 호박은 잎이 나오는데 박 씨는 소식이 없었다. 여물지 못한 조롱박의 표피를 손끝으로 만지고 또 만져보던 주인의 마음을 알 것 같았다.

다음해 봄, 그러니까 작년 봄이다. 죽은 살구나무의 고사목에 조롱박 넝쿨을 올리고 싶은 마음이 들었다. 이웃집에서 새순이 한 뼘이나 자란 조롱박 모종을 갖다주었다. 땅에 심은 후, 잎이 마를 세라 물도 주고 햇빛도 가려주었다. 그러나 우리집 토질에 적응하지 못하고 죽어버렸다. 조롱박 때문에 속이 상한 나는 밭에 나가지 않았고 그 결과 밭에는 풀이 우묵장승처럼 솟아올랐다.

지난 이른 봄, 가족들 앞에서 조롱박을 심는 이야기를 다시 하였다. 식구들은 "또, 박타령이군." 하는 눈치로 대꾸조차 하지 않았다. 서문시장에 가면 씨앗을 팔고 있는 노인이 있다고 누군가가 알려주었다. 즉시 찾아갔다. 나는 조롱박 씨앗을 건네주는 노인에게 진짜 조롱박 씨앗인지 몇 번이고 확인을 하였다. 노인은 화를 내며 거짓이면 언제든지 자기의 터로 찾아오라고 했다. 겨울나무 껍질처럼 노쇠해 있는 그가 자기의 터를 언제까지 지킬 수 있을지 의문이 들었다.

씨앗을 땅에 묻었다. 곧 싹이 틔었고 옆자리의 호박과 경쟁을 하듯이 넝쿨을 뻗어갔다. 열매가 맺혔다. 형태가 점점 드러났다. 그런데 박의 모습이 기대했던 조롱박이 아니었다. 허리가 잘록한 그런 조롱박이 아니었다. 나는 조롱박 씨앗도 구별 못한 노인의 지혜를 원망하며 박 옆을 지날 때마다 '이것이 조롱박이면 얼마나 좋을까, 밋밋한 것이 볼품이 없군.' 하며 흉을 보았다. 그러나 좁쌀 같은 나의 비웃음에도 아랑곳않고 박의 모습이 달덩이처럼 변하여갔다.

나는 그만 인물 좋은 박에게 반하고 말았다. 조롱박이 차지하고 있던 가슴속에 늠름한 박의 모습이 새로 들어앉았다. 둥근 박은 우리가 만들어준 받침대 위에서 호강을 누리며 점점 태깔이 났다.

하루에도 몇 번씩 박 곁으로 간다. 박 속같이 흰 피부라는 말을 떠올리며 정갈한 식물의 피부 앞에서 나의 거친 피부를 민망해하기도 하고 보름달같이 둥근 박을 안아보며 "너는 우리 집의 귀한 손님이다."하며 덕담을 한다.

나는 앞으로 끊임없이 박타령을 할 것이다. 그것은 조롱박을 다시 심기 위함이 아니고 달덩이 같은 우리 박의 혈통을 자랑하기 위함이다. 인물 좋은 박의 종자를 더 많이 퍼트리기 위해서 나의 박타령은 계속될 것이다.

그림 빚

젊은 시절, 나는 학교 가까이서 하숙을 했었다. 집 주인은 어린 남매를 키우며 혼자 살아가고 있는 여자였다. 큰길 가에 있는 집이라 곧잘 먼지가 들어왔고 계속 마루를 닦아야 했던 여자는 샘 가에서 자주 걸레를 빨곤 하였다. 우물 가에 서 있던 살구나무도 흙먼지를 쓴 채 꽃을 피우고 있었다.

나는 일요일 오후가 되면 스케치를 하러 자주 들판으로 나갔다. 여자와 아이들도 더러 동행을 하였다. 그 때마다 그는 큰 나들이라도 가는 듯 쪽빛 치마 위에 자주색 저고리를 받쳐 입고 흰 장갑이나 분홍 스카프 따위를 나부끼며 따라 나서곤 했다. 우리는 늦은 봄날의 햇볕을 손으로 가리며 함께 언덕을 오르기도 하고 얕은 강을 건너기도 하였다.

그는 그림을 그리고 있는 내 곁에서 자주 망부의 이야기를 끄집어내었고 정이 유별난 사람이라고 했다. 그리고 남편이 심은 살구나무는 그대로 뜰에 있는데 천지간에 남편은 간 곳이 없다 하며 구름 떼 같은 한과 슬픔 때문에 견딜 수 없다고 하였다. 나는 구름 떼 같은 한이니 구름 떼 같은 슬픔이니 하는 말을 들을 때마다 구름을 올려다보았었다. 아직 미혼이었던 나는 흰 구름 떼는 슬픔의 뭉치가 아니라 아름다운 동경의 손님이 떼를 지어지나가는 것 같다고 생각하였다.

그는 "그림 속에 꽃도 그려 넣고 나비도 그려 넣으라." 하며 물빛으로 통일시키고 있는 나의 그림이 어둡고 칙칙하다고 했다. 그리고 보리밭 이랑을 달려오는 바람을 맞으면 "아, 봄바람." 또는 들판의 풀꽃을 보면 "아, 예쁜 꽃." 먼 곳에서 새소리가 들리면 "아, 산새가 울고 있네." 하며 민감한 반응을 보이기도 하였다.

나에게 그림 한 장을 그려달라고 요구를 했다. 바이올렛 빛 오랑캐꽃이 무리지어 피어있는 소품 한 점을 그려 주었다. 그림을 본 그는 고개를 저으며 나비와 새가 날고 노랑꽃과 붉은 꽃이 피어 있는 그림을 그려 달라고 말했다. 예쁜 집도 함께 넣어주면 좋겠다고 하였다. 나는 유행가 구절 같은 그의 요구를 마음속으로 웃으며 다음에 그려주기로 약속을 했다. 그러나 나는 들판에 나갈 기회를 갖지 못한 채 갑작스럽게 그의 집을 떠나게 되었다.

헤어지던 날, 쓰고 다니던 물방울 무늬의 양산을 그에게 주고 왔다. 그는 양산을 폈다 오므렸다 하며 다시는 하숙을 치지 않을 것이라고 했다. 만나서 정이 들고 헤어지면서 마음 아파하는 고통을 다시는 겪고 싶지 않다고 하였다. 기쁨과 슬픔의 감정을 갖고 있지 않는 짐승처럼 살고 싶다고도 말했다. 그림 빚을 갚지 못한 채 나는 마당 가의 살구나무 밑에서 여인과 이별을 하였다.

어느새 삼십여 년의 세월이 흐른 지금, 나의 화구는 흩어지고 그림을 그리는 작업의 시간도 물러간 지 오래이지만 그러나 구름처럼 피어오르는 살구꽃을 볼 때마다 그 여인을 생각한다. 가정의 조화가 깨어져버린 쓸쓸한 뜰에 나비와 꽃과 새소리라도 채워 넣고 싶어했던 그 마음을 헤아려 화려한 꽃그림을 그려 집에 걸어주고 올 것을, 후회가 된다. 갚을 길 없는 부채처럼 마음을 무겁게 한다.

이제 아들 딸이 낳은 손자 손녀들이 마당의 나비도 되고 꽃도 되고 새소리도 되어 그의 뜰을 분주하게 했으면 좋겠다. 이제 구름 떼 같은 한도 풀어지고 봄바람이 불 때마다 가슴속에 일고 있던 파도도 잔잔하게 가라앉았을 여인, 그가 혼자 흘려보낸 인고忍苦의 세월이 고맙기도 하고 또 안타깝기도 하다.

▩ 연보

1935 경남 진주 장대동에서 교육자인 아버지 정학용과 어머니 강복난의 장녀로 태어남, 진주 옥봉성당에서 유아 영세 받음 (세례명 : 테레사)

1943 아버지의 학교부임에 따라 사봉 초등학교 입학, 1949년 남강 하류에 있는 진양군 대곡초등학교 졸업, 산골생활의 육년 간 그때 만난 산과 들, 강과 나무, 풀등이 문학적 감성의 바탕이 됨.

1949 진주여자중학교 입학. 다음 해, 육이오 발발. 촉석루와 학교가 불타버림. 비봉산 기슭에 있는 비봉루에서 공부함.

1951 진주여자고등학교 입학. 1학년 봄. 경남일보에 산문 〈어머니의 손〉 실림. 여고 2학년 가을, 개천예술제에 그림 출품, 첫 전시의 기쁨을 누림

1953 여고 3학년 10월, 개천예술제에서 시 장원, 시제는 〈국화〉 심사위원은 노천명, 유치환, 설창수, 왕학수 이영도 선생님. 종합문학지 영문嶺文 등단으로 시작詩作활동, 〈가두에서〉, 〈갈색의 위치〉, 〈바람 1, 2, 3,〉연작시 발표.

1954 부산사범대학 미술과 입학. 졸업 후 포항여중고, 대구 제일여중고. 김천여중고. 미술교사지냄. 〈시영토〉, 〈운석〉, 〈표현〉등 시동인 활동,

1962 대구 계산동 성당에서 오명근과 혼배성사 올림.

장남 석호, 차남 정헌, 장녀 은아 얻다.

1966 유학차 남편 독일로 떠남, 기다림의 6년간, 편지를 쓰듯 산문쓰기에 열중.

1971 남편, 박사학위 취득 후 귀국, 영남대학교 교수로 부임.

1974 수필 ≪작은 꽃≫ 수필문학(관동출판사)지에 발표로 수필활동.

1975 첫 수필집 ≪대숲에는 바람소리가≫ 출간.(세음사).

1976 객원교수로 도구渡歐하는 남편을 따라 일 년여 독일 체류, 기행수필 〈국경선〉, 〈모자〉, 〈야간여행〉, 〈동양바람〉등 발표.

1979 대구 비슬산(속칭 앞산) 기슭에 집을 지어 이사함, 옛집에 있던 돌과 나무도 함께 따라옴.

1981 공저 ≪진달래와 흑인병사≫ 출간. (범우사).

1982 수필집 ≪이 세상 한가운데 서있는 나무≫ 출간 (범우사). 문예진흥원 우수문학 도서로 선정됨.

1988 한국수필문학 진흥회 주관 '현대수필문학상' 수상.

1991 장녀 오은아, 곽동렬과 혼인. 외손자 준영 태어남.

1993 수필집 ≪우체국 앞을 지나며≫ 출간 (그루사).

1994 장남 오석호, 이주연과 혼인. 맏손자 승현, 손녀 수현 태어남.

1996 차남 오정헌, 전주영과 혼인. 손녀 지현, 손자 동현 태어남.

1998 수필선집 ≪풍금소리≫ 출간. (선우미디어).

1999	수필집 ≪돌미나리를 찾아서≫ 출간. (그루사)
1999	대구시 문화상 (문학부분)수상.
2003	구라파 생활 3개월간, 독일 상뜨오티리안 수도원, 팟사워의 베네딕또 수도원, 프랑스의 샤르뜨르 수도원, 오스트리아의 크렘스뮌스터 수도원의 체류는 높고 그윽한 곳으로의 접근, 삶의 방식, 그 청결한 신비를 느낌.
2008	수필집 ≪강물을 만지다≫ 출간 (선우미디어) 수필선집 ≪타관의 풀≫ 출간 (좋은 수필). 앞으로 계획은 삶의 위로며 기쁨이기도 했던 나무들에게 바치는 마음으로 나무 수필집 출간을 준비하고 있음.

• 현 재

한국문인협회. 대구문인협회. 가톨릭문학회 회원.
대구수필가협회 회장.

현대수필가 100인선 · 24
정혜옥 수필선

타관의 풀

초판인쇄 | 2008년 5월 15일
초판발행 | 2008년 5월 20일

지은이 | 정 혜 옥
펴낸이 | 서 정 환
펴낸곳 | 좋은수필사

주 소 | 서울시 종로구 익선동 30-6
운현신화타워 빌딩 3층 305호
전 화 | 02)3675-5635, 063)275-4000
등 록 | 1984년 8월 17일 제28호
홈페이지 | http://www.shin-a.co.kr
e-mail | essay321@hanmail.net

값 7,000원

ISBN 978-89-5925-293-0 04810
ISBN 978-89-5925-247-3 (전 100권)